내 말에 YES로 답하게 하라

내 말에 YES로 답하게 하라

초판 1쇄 발행 | 2017년 3월 13일
초판 2쇄 발행 | 2017년 4월 3일

지은이 | 브라이언 트레이시
옮긴이 | 이승희
펴낸곳 | 유니크 커뮤니케이션
펴낸이 | 김성민
북디자인 | 김민정
영업 마케팅 | 김명자, 이호연

출판 등록 | 2013년 7월 26일 (제2014-21호)
주소 | 대전광역시 서구 대덕대로 249번길 30(둔산동, 베스트피엘씨빌딩)
전화 | 070-7426-4000
팩스 | 042-622-1140
전자우편 | ucs114@naver.com

ISBN | 979-11-954450-3-5(93320)

SPEAK TO WIN: How to Present with Power in Any Situation
by Brian Tracy

Copyright © 2008 Brian Tracy
Korean translation copyright © 2017 UCS

Published by AMACOM, a division of the American Management Association, International, New York. All rights reserved.
This Korean edition published by arrangement with AMACOM, a division of the American Management Association, International, New York, through Shinwon Agency Co., Seoul.

이 책의 한국어판 저작권은 신원에이전시를 통해 저작권자와 독점 계약한 UCS에 있습니다.
저작권법에 의해 한국 내에서 보호를 받는 저작물이므로 무단 전재 및 무단 복제를 금합니다.

내 말에 YES로 답하게 하라

브라이언 트레이시 지음   **이승희** 옮김

상대의 마음을 사로잡는 방법

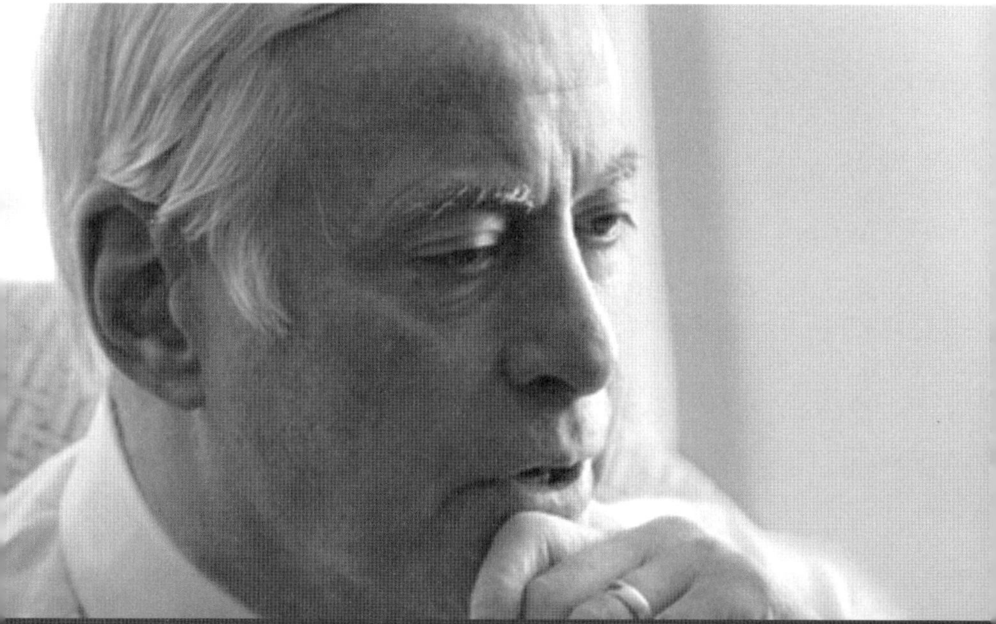

SPEAK TO WIN

| 머리말 |

내 말에 YES로 답하게 하라

우리의 생각이 우리의 운명을 바꾼다.
우리의 습관적인 생각들이 우리의 욕구들과 일치할 때,
우리는 우리가 되고 싶어하는 사람이 되고 우리가 바라는 일을 한다.

- 오리슨 스웨트 마든(Orison Swett Marden)

성공하기 위해 반드시 필요한 것이 말하기 능력이다. 말을 잘하는 사람은 다른 사람들로부터 존중과 존경을 받을 수 있고, 회사에서 가치 있는 인재로 인정받을 수 있으며, 자신을 도와주고 기회의 문을 열어주는 사람들의 주목을 받을 수 있다. 말을 잘하는 사람은 그렇지 못한 사람들보다 더 능력이 뛰어나고 똑똑한 것으로 인정받는다.

당신이 가진 가장 귀중한 자산은 무엇인가? 그것은 바로 당신의 생각이다. 당신이 가진 가장 소중한 기술은 당신의 생각을 분명하게 표현하는 능력이다. 이런 기술을 통해 당신은 더 많은 돈을 벌 수 있고 더 빨리 승진할 수 있다. 문제를 제대로 파악하고 있음을 보여 줄 수 있는 유일한 방법은 생각을 확실하게 말 또는 글로 표현하는 것이다. 말로 정확히 표현할 줄 알아야 사람들은 당신이 말하는 내용을 제대로 알고 있다고 인정할 것이다.

다행인 것은 우리의 생각은 근육과 같아서 사용할수록 더 강해지고 발달한다. 생각과 단어들을 미리 정리한다면 당신이 말하는 내용과 방법을 더 분명하게 인식할 수 있다. 계획하고 준비하고 이야기하고 프레젠테이션을 하는 행동을 통해, 당신은 생각을 고도로 활용할 수 있게 되고 더 현명해진다.

두려움을 제거하고 일을 추진하라

몇 년 전 나는 경영인들을 대상으로 효율적인 관리자가 되는 방법을 주제로 이야기하는 세미나에서 말을 잘함으로써 사람들에게 영향을 끼치는 능력의 중요성을 강조했다. 세미나가 끝난 후 한 남자가 수줍은 표정으로 다가와서 나의 강연을 듣고 나서 말하는 방법을 배우기로 결심했다고 말했다. 그는 관리자들에게 무시당하고 승진 대상에서 제외되어 온 지난날들이 끔찍하다고 했다.

1년 후 그로부터 그동안 자신에게 일어난 일들을 자세히 쓴 편지 한 통을 받았다. 그는 자신의 결심을 즉각 실행에 옮겼다. 자신이 거주하는 지역의 토스트마스터스(Toastmasters, 토론을 통한 커뮤니케이션 능력 향상과 리더십 개발을 추구하기 위해 구성된 전 세계적인 비영리 단체)에 등록해서 매주 모임에 참석하였다. 모임 때마다 특정 주제에 대해 발표해야 했고 각 참석자는 모임이 끝날 무렵 평가를 받았다. 토스트 마스터스는 '체계적 둔감화' 라는 과정을 활용한다. 어떤 일을 반복해서 하면 그 일에 둔감해진다는 뜻이다. 사람들 앞에서 반복적으로 말을 하다 보면 결국 두려움과 불안감이 없어진다는 것이다.

또한 그는 14주에 걸친 데일 카네기(Dale Carnegie) 강좌에도 등록했다. 강좌 때마다 그는 수강생들 앞에서 발표를 해야 했다. 6개월 동안 동료 수강생들 앞에서 길고 짧은 프레젠테이션을 수없이 반복한 결과 마침내 사람들 앞에서 이야기하는 것에 대한 그의 공포와 불안감은 사라졌고 대신 자신을 청중 앞에서 표현하는 능력에 대한 자신감이 확실히 커지기 시작했다.

당신을 향해 열린 기회의 문

그가 이처럼 자신의 발전과 개발을 위한 노력을 이어나가던 무렵, 그의 회사에 작은 비상 사태가 발생했다. 거래처에서 프레젠테이션을 하기로 했던 임원이 아파서 회의에 참석할 수 없게 된 것이다. 대신 회사를 소개하는 프레젠테이션을 할 기회가 그에게 주어졌고 그는 밤을 새워서 철저하게 준비를 했다. 그리고 거래처의 사무실로 가서 자사의 서비스에 대한 프레젠테이션을 훌륭하게 선보였다. 사무실로 돌아왔을 때 그의 상사는 거래처로부터 그토록 훌륭한 프레젠테이션을 할 수 있는 사람을 보내 줘서 고맙다는 전화를 받았다는 사실을 알려주었다.

몇 주 후 그는 회사의 거래처들을 정기적으로 방문하는 업무를 맡게 되었다. 그는 승진에 승진을 거듭했고 고위 간부가 되어 곧 회사의 경영진에 합류할 위치까지 올랐다. 그는 설득력 있게 말하는 사람이 되기로 결심하고 곧장 구체적인 실행에 옮김으로써 자신의 인생은 완전히 바뀌었다고 말했다.

자존감을 키워라

훌륭한 연설 능력은 당신의 경력 개발에 여러 모로 도움이 된다. 그러나 설득력 있게 말하는 법을 배워야 하는, 더욱 중요한 이유는 따로 있다. 심리학자들은 자존감, 즉 '자기 자신을 얼마나 좋아하는가'의 정도가 당신의 내적 외적 삶의 질을 크게 좌우한다고 말한다. 설득력 있게 말할 수 있는 능력이 있는 사람은 자기 자신을 더 좋아한다. 자기 자신을 좋아할수록 더 낙천적이고 자신감이 넘치고, 사람들과의 관계에서 긍정적이고 매력적으로 다가갈 수 있다. 자기 자신을 좋아할수록 더 건강하고 행복하고 매사에 긍정적인 사람이 된다.

자기 이미지 향상

효과적으로 말하는 방법을 배우면 자기 이미지 또한 향상된다. 자기 이미지는 '내적 거울'이다. 즉 어떤 일을 하기 전에 그리고 진행하는 도중에 자기 자신을 바라보고 자신에 대해 생각하는 방식을 의미한다. 자기 이미지가 긍정적일수록 자기가 하는 일에서 더 많은 능력을 발휘한다. 어떤 일을 하기 전에 자신이 그 일을 잘 해내는 장면을 스스로 그려보는 행위

자체가 실제로 일에서 더 좋은 성과를 가져온다.

우리는 생각과 느낌, 특히 다른 사람의 존중에 매우 민감하다. 서머셋 모옴(Somerset Maugham)은 "우리가 인생에서 하는 모든 일은 다른 사람들의 존중을 얻기 위해 하는 것이다. 그게 아니더라도 최소한 사람들의 존중을 잃지 않기 위해 하는 것이다"라고 썼다. 당신이 설득력 있게 말할 때 듣는 사람들은 당신을 더 좋아하고 존중한다. 그 결과 당신은 자신을 더 좋아하고 존중하게 된다. 당신이 설득력 있게 말할 줄 안다면 다른 사람들로부터 긍정적인 피드백을 받을 것이고 자기 이미지는 훨씬 향상된다. 당신은 자기 자신을 더욱 긍정적으로 바라보고 생각하게 된다. 자기 개인의 능력을 더욱 신뢰하게 되고 결국 매사에 자신 있게 걷고 말하고 행동하게 된다.

뛰어난 화술은 후천적인 것이다

사람들 앞에서 말하는 스피킹 기술은 얼마든지 배울 수 있는 것이다. 청중 앞에서 자신감 있고 분명하게 이야기하는 것처럼 보이는 많은 사람도 한때는 대중 앞에 서서 이야기한다는 생각만 해도 두려워 벌벌 떨었다.

당신의 목적은 훌륭한 커뮤니케이터 상위 10% 안에 드는 것이어야 한다. 그리고 현재 상위 10% 안에 있는 사람들 대부분도 하위 10%에서 출발했다는 사실을 끊임없이 상기해야 한다. 『백만장자 시크릿』의 저자이자 성공학 분야 전문 강사인 하브 에커(Harv Eker)는 이렇게 말했다.

"모든 대가도 한때는 형편없었다."

'연습이 완벽을 만든다'는 말을 들어보았을 것이다. 어떤 사람들은 '완벽한 연습이 완벽을 만든다'고도 이야기한다. 그러나 실제로 완벽을 만드는 것은 '불완전한' 연습이다. 사람들 앞에서 말하는 기술을 연마해가는 동안 당신은 수많은 크고 작은 실수를 할 것이다. 긴장하고 부족한 자신을 종종 느낄 것이다. 틀린 내용을 말하기도 하고 해야 할 말을 잊어버리기도 할 것이다. 중얼거리거나 더듬거릴 때도 있을 것이고 자신이 과연 제대로 말할 수 있는 날이 올지 스스로 의아해하기도 할 것이다.

'안전지대'에서 벗어나라

하지만 말하기에서든 다른 어느 분야에서든 뛰어난 능력을 확보하기 위해서는 기꺼이 '안전지대'에서 벗어나 '불편한 지대'로 들어가야 한다. 더욱 높은 단계의 능력을 얻기 위해서는, 성장하고 발전하는 과정에서 어색하고 곤란한 상황과 기꺼이 마주해야만 한다.

유명한 그리스의 웅변가 데모스테네스에 관한 이야기가 있다. 그는 그리스 로마 시대의 탁월한 웅변가들 중 한 사람이었다. 그는 처음에는 두려워하고 수줍어하고 말을 더듬고 발음 장애를 가지고 있었다. 그러나 자신의 결점을 극복하기 위해 하루에 몇 시간씩 입 안에 조약돌들을 물고 바다를 향해 크게 말하기도 했다. 이윽고 그는 말을 더듬는 습관과 발음 장애를 극복했다. 그의 목소리는 더 커지고 강해지고 자신감이 넘쳤다. 그는 역사상 매우 위대한 웅변가들 중 한 사람이 되었다.

이제 사람들 앞에서 말하기를 시작하는 사람들에게 이 책은 유능하게 자신감 있게 분명하게 말하는 과정을 가속하는 방법을 보여줄 것이다. 만일 당신이 연설에 어느 정도 경험이 있는 사람이라면 이 책은 비즈니스, 정치, 개인 생활의 모든 영역에서 뛰어난 연사들이 활용하는 가장 강력한 기법과 전략, 방법들을 제시할 것이다.

뛰어난 연사가 되기 위해 필요한 네 가지

훌륭한 스피커가 되려면 다음 네 가지를 갖추어야 한다.

1. **욕망** : 당신은 무엇보다 말을 잘하겠다는 강렬한 욕망을 가지고 있어야 한다. 뛰어난 연설가가 되기를 갈망한다면, 오랜 시간을 들이더라도 말하기 기술을 연마하겠다는 욕구가 있다면, 그 무엇도 당신이 목표에 도달하는 것을 막을 수 없다. 하지만 욕망만으로는 충분하지 않다.

2. **결심** : 뛰어난 말하기 기술을 갖추기 위해 당신은 모든 노력을 다하고 어떤 장애도 극복하겠다는 결심을 지금 당장 해야 한다.

3. **훈련** : 당신은 달인이 될 때까지 계획하고 준비하고 말하고 끊임없이 반복해서 프레젠테이션과 강연을 해야 한다. 본질적인 기술을 연마하는 힘든 과정에 지름길은 없다.

4. **의지** : 중간에 겪게 될 실패, 장애, 난처한 상황들에 굴하지 않고 끝까지 해나가겠다는 의지를 가져야 한다.

유일한 한계는 자기 자신이다

우리의 가장 큰 적은 늘 우리 자신의 의심과 두려움이다. 하지만 당신이 무언가를 하고 되는 일에 있어서 한계는 없다. 오직 당신이 스스로 한계를 만들 뿐이다. 나는 수년 간 4,000번 이상의 프레젠테이션을 했고 46개국에서 5백만 명 이상의 사람 앞에서 강연을 해왔다. 이 책에서 나는 어떤 상황에서도 상대를 설득할 수 있는 연설가가 되기 위해, 어떻게 용기와 자신감과 능력을 개발해 왔는지 당신의 손을 잡고 단계별로 차근차근 안내할 것이다.

목차

| 머리말 | ································· 04

Chapter 1
듣는 사람을 사로잡는 말하기 기술 ········ 15

Chapter 2
계획과 준비에 모든 것이 달렸다 ·········· 27

Chapter 3
자신감과 마음 다스리기 ················ 53
: 대중 연설에 대한 두려움을 제거하기

Chapter 4
초반에 청중을 사로잡아라 ·············· 69

Chapter 5
소규모 회의에서 말하기 ················ 87

Chapter 6
소규모 프레젠테이션과 협상에서 말하기 ······ 101

Chapter 7
대규모 청중을 사로잡는 말하기 ················ 119

Chapter 8
강력한 목소리 테크닉 ···························· 145

Chapter 9
프로 강사의 비법 ································ 159

Chapter 10
완벽한 강연장 준비하기 ························ 174

Chapter 11
강렬한 마무리로 청중을 감동시켜라 ········· 198

Chapter 12
성공하는 세일즈 프레젠테이션 ················ 209

| 저자 소개 | ································ 235

Brian Tracy

전 세계를 다니며 강연을 하는 수년 간 늘 나와 동행하며 지지해준 내 아내 바바라에게 이 책을 바친다. 바바라는 나에게는 충실하고 이해심 많은 동반자이자 친구이며, 아이들에게는 훌륭한 엄마다. 그녀가 없었다면 나는 아무것도 할 수 없었을 것이며, 그녀의 지지가 있었기에 나는 한계 없는 성공에 도전할 수 있었다.

Chapter 1

듣는 사람을 사로잡는 말하기 기술

> 그의 모든 열변은 실질적인 효과를 위한 것이었다.
> 그는 그저 연설을 위한 연설은 단 한 번도 하지 않았다.
>
> - 에이브러햄 링컨, 헨리 클레이에 대한 추도사에서

인류 역사를 통틀어 인간에게 가장 뛰어난 것으로 인정되는 능력은 바로 타인을 설득하는 능력이었다. 대중 연설의 목적은 그 연설가의 그 연설이 없었더라면 일어나지 않았을 어떤 행동을 취하게 하는 것이다. 연설을 하는 당신의 목적은 듣는 사람들에게 동기를 부여해서 그들로 하여금 생각하고, 느끼고, 행동하게 만드는 것이다.

다행스럽게도 뛰어난 강사나 비즈니스 의사소통 전문가가 되기 위해 필요한 기술은 얼마든지 후천적으로 습득할 수 있는 것이다. 운전하는 법, 자판을 치는 법, 휴대폰을 사용하는 법을 배울 수 있다면 당신은 얼마든지 뛰어난 강사가 될 수 있으며, 당신의 인생뿐 아니라 당신의 말을 듣는 다른 사람들의 인생까지도 바꿀 수 있다.

아리스토텔레스가 말하는 설득의 세 가지 요소

아리스토텔레스는 리더가 갖추어야 할 필수적인 도구로서의 말하기 기술의 중요성을 최초로 인식한 철학자였다. 그는 설득의 필수적인 요소를 로고스(logos, 논리), 에토스(ethos, 윤리), 파토스(pathos, 감정)로 보았다. 이 세 요소를 차례대로 살펴보자.

로고스는 말하는 사람의 주장에 담긴 논리나, 언어, 근거를 가리킨다. 화자가 말하는 모든 내용이 하나로 연결된 사슬이나 조각 그림 맞추기처럼 논리 정연하게 일관성을 유지하는 것은 중요하다. 미리 생각하고 말하기를 계획할 때 전체적인 내용에서 구체적인 내용까지, 서론에서 결론에 이르기까지 다양한 논점들을 체계적으로 구성해야 한다. 각각의 논점이 이전의 논점의 토대 위에서 논리적으로 전개되어야 한다.

설득의 두 번째 요소인 에토스는 말하는 사람의 성품, 윤리, 신뢰도를 가리킨다. 연설을 하기 전에 혹은 연설을 하는 동안 연설가에 대한 신뢰도가 높아지면, 청중은 그의 주장을 받아들이고 그가 권고하는 대로 실행에 옮길 가능성이 높아진다.

세 번째인 파토스는 감정적인 측면으로 가장 중요한 요소다. 말하는 사람은 듣는 사람들과 감정적으로 연결되어 있으면서 근본적인 수준에서 감동을 줄 수 있어야 듣는 사람들의 생각을 바꾸고 행동을 취하도록 동기를 부여할 수 있다.

화자의 생각대로 사람들을 움직이고 설득하고 싶다면 이 세 가지 요소를 적절히 갖추어야 한다.

의사소통의 비밀-메라비언의 법칙

캘리포니아 대학교의 심리학과 명예교수인 앨버트 메라비언(albert Mehrabian)은 효과적인 의사소통을 주제로 하는 일련의 연구를 진행했다. 그리고 그는 말로 표현된 메시지는 세 가지로 구성된다는 결론을 내렸다. 바로 말의 내용, 어조, 말하는 사람의 보디랭귀지다.

1) 말의 내용

메라비언에 따르면 놀랍게도 메시지를 전달할 때 말의 내용이 차지하는 중요도는 겨우 7%에 불과하다. 물론 화자가 사용하는 단어는 매우 중요하므로 신중하게 선택되어야 한다. 또한 전달하는 내용은 적절한 순서에 따라 문법적으로 올바르게 구성되어야 한다. 그러나 누구나 한 번쯤은 매우 전문적이고 학습적이며 내용 자체는 훌륭하지만, 전달하는 메시지가 전혀 없는 연설을 들어봤을 것이다. 이처럼 말의 내용 자체만으로는 충분히 메시지를 전달할 수 없다.

2) 어조

메라비언이 정의한 의사소통의 두 번째 요소는 목소리의 톤이다. 그의 연구에 따르면 메시지의 38%는 말하는 사람의 음색과 여러 단어들에 대한 강조를 통해 전달된다고 한다.

"나는 당신을 매우 사랑합니다"라는 문장을 말해 보자. 특정한 단어를 강조해서 읽거나 평서문이 아닌 의문문으로 읽는 것만으로 문장의 전체

의미 자체가 바뀔 수 있다. 마음의 진심을 담아서 평서문이나 의문문으로 읽어 보자. 한 단어를 강조해서 읽는 것만으로도 어떻게 의미가 완전히 달라지는지 확인할 수 있다.

　남자라면 누구나 한 번쯤은 단순한 문제를 놓고 여자와 말다툼을 해 본 경험이 있을 것이다. 남자들은 언어를 의사 소통의 도구로 사용하고, 여자들은 언어를 서로 이해하고 관계를 형성하는 방법으로 사용하는 경향이 있기 때문에 남자와 여자는 같은 말을 듣더라도 서로 다르게 이해한다. 예를 들어 여자가 남자가 한 말에 대해 화를 내거나 상처를 받았을 때, 남자는 그냥 '난 그냥 그렇다고 말했을 뿐'이라고 대꾸하기도 한다. 그러면 여자는 더 화가 나서 말한다. "당신이 한 말 때문이 아니라 당신의 말투 때문에 화가 난 거라고!"

　어조를 바꾸고 그 중요성을 인식하는 것만으로도 전달하는 메시지와 상대에게 미치는 효과는 극적으로 달라질 수 있다.

　3) 보디랭귀지

　메라비언은 메시지의 55%는 말하는 사람의 보디랭귀지에 의해 전달된다고 보았다. 이는 귀에서 뇌로 연결된 신경보다 눈에서 뇌로 연결된 신경이 22배나 많기 때문이다. 이러한 이유로 시각적 인상은 매우 강력한 영향을 끼친다.

보디랭귀지의 중요성에 주목하라

훌륭한 커뮤니케이터는 항상 자신의 보디랭귀지에 대해 잘 인식하고 있다. 어떤 보디랭귀지를 사용하느냐에 따라 자신이 전달하고자 하는 메시지가 얼마나 잘 받아들여지는지 알고 있다. 손바닥을 편 채 두 팔을 늘어뜨리고, 미소를 띤 채 상대를 바라보면, 그는 긴장을 풀고 스폰지가 물을 흡수하는 것처럼 당신의 메시지를 받아들인다. 웃음기 없는 심각한 표정으로 팔짱을 끼거나 강연대를 꽉 잡은 채 이야기를 하면 상대는 화난 부모에게 꾸지람을 듣는 것처럼 반응한다. 마음을 닫고 방어적인 자세를 취하는 것이다. 자신을 특정한 방향으로 생각하고 행동하도록 설득하려는 당신의 메시지와 시도를 거부하게 된다. 이처럼 보디랭귀지는 매우 중요하다!

나는 수많은 강연을 해왔기 때문에 많은 강사로부터 자신들의 강연이나 세미나에 대한 평을 해달라는 요청을 자주 받는다. 이럴 때 나는 늘 비판적인 지적을 하는 것이 망설여진다. 사람들은 일반적으로 비판이나 긍정적이지 않은 평에 대해서는 매우 과민하기 때문이다. 그럼에도 불구하고 나는 다음과 같은 조언을 자주 하는 편이다.

"말을 천천히 하고, 말을 하는 중간 중간에 잠깐 멈추고 미소를 지으세요."

이 조언을 따른 사람들은 청중의 반응이 바로 긍정적으로 바뀌는 것을 보고 놀라기도 한다. 말의 속도를 늦추고 단어를 정확하게 발음하면, 말하고자 하는 내용이 더 명확하게 전달되고 목소리 톤은 훨씬 유쾌해진다. 그리고 미소를 지으면 따뜻함, 호의, 수용의 감정을 전달할 수 있다. 그러면 듣는 사람은 긴장을 풀고 말하는 사람의 메시지를 더욱 열린 마음으로 받아들이게 된다(여기에 대해서는 8장에서 더 자세히 이야기할 것이다.).

짧은 스피치를 위한 간단한 구성

어떤 스피치를 할 때든 활용할 수 있는 세 파트로 이루어진 간단한 모델이 있다. 이 모델은 1~30분 길이의 스피치에 사용할 수 있다.

▶▶▶ 파트 1

파트 1은 서두다. 스피치에서 전달하고자 하는 내용을 소개하는 것이다. 예를 들어 다음과 같이 말할 수 있다.

"이 자리에 참석해 주셔서 감사합니다. 지금부터 저는 우리 업계가 직면한 세 가지 문제를 지적하고, 그러한 문제를 앞으로 기회로 활용하기 위해 우리가 취할 수 있는 조치에 대해 논하려고 합니다."

이런 머리말은 무대를 정리하고 청중을 준비시키고 스피치를 시작할 수 있게 한다.

▶▶▶ 파트 2

서두에서 소개한 내용을 말하는 부분이다. 이 부분은 1~3가지 요점으로 구성된다. 짧은 스피치의 경우 연속적으로 전개되는 세 가지 요점으로 구성될 수 있다.

"경쟁은 더욱 치열해지고, 이윤은 줄어들고 고객의 취향은 바뀌고 있습니다. 이런 문제들을 차례차례 살펴보고 효과적으로 대처할 수 있는 방안들을 다뤄보겠습니다."

▶▶▶ 파트 3

청중에게 이야기했던 내용들을 정리해 준다. 청중이 당신이 말한 내용들을 듣는 즉시 기억할 것이라고 기대해서는 안 된다. 앞서 말했던 내용들을 다시 돌아보고 요약하고 되풀이하는 것이 도움이 된다. 예를 들면 다음과 같다.

"지금까지의 내용을 요약해 보면, 치열해진 경쟁에 대처하기 위해서는 우리가 제공하는 제품의 질과 고객에게 전달되는 속도를 향상시켜야 합니다. 시장이 축소되고 있다면 새로운 시장을 개척하고 새로운 고객들을 유인할 수 있도록 제품의 종류를 확장해야 합니다. 변화하는 고객의 취향에 대해서는 과거의 고객들의 요구에 머물러 있을 것이 아니라 현재의 고객들이 원하는 제품과 서비스를 개발해야 합니다. 이 세 가지 목표를 향해 헌신적으로 노력했을 때, 우리는 생존할 수 있을 뿐 아니라 앞으로 더욱 성장할 수 있을 것입니다. 감사합니다."

모든 스피치에는 목표가 있다

로널드 레이건(Ronald Reagan) 전(前) 미국 대통령의 연설 원고를 담당했던 페기누넌(Peggy Noonan)은 이렇게 말했다.

"모든 스피치에는 목표가 있다."

스피치를 하기 전에 반드시 해야 할, 매우 중요한 일들 중 하나가 마음속에 목표를 세우고 시작하는 것이다. 스피치를 통해서 성취하고자 하는 것이 무엇인지 결정하고 목표가 무엇인지 자문해 본다.

"내 스피치를 듣고 난 사람들에게 누군가 '이 연설을 통해 무엇을 얻었으며 그로 인해 앞으로 어떻게 행동을 바꿀 것입니까?'라고 묻는다면 나는 그들이 뭐라고 대답하기를 바라는가?"

당신의 스피치의 서두와 본론, 결말에 이르기까지 모든 내용이 이 목표를 달성하는 데 초점이 맞춰져 있어야 한다.

강의를 하러 갔을 때 나는 강의를 의뢰한 사람들에게 '목표가 무엇인가'에 대해 묻는다. 왜 강연에 초청했으며 내가 청중에 대해 어떤 목표를 가지고 강연을 하기를 원하는지 묻는다. 그리고 청중이 강연이나 세미나가 끝난 뒤에 어떻게 생각하고, 느끼고, 행동하기를 바라는지에 대해 논의하고 합의를 이끌어 낸다. 그렇게 해서 합의에 도달하면 나는 그 목표를 이루기 위하여 강연이나 세미나 내용을 처음부터 끝까지 구성한다. 당신도 이와 같이 하면 된다.

긴 스피치를 위한 구성

긴 스피치를 계획할 때는 다음과 같이 여덟 단계의 좀 더 복잡한 구성을 활용한다.

1. **오프닝** : 오프닝의 목적은 청중의 주의를 끌고 기대감을 높이고 말하는 사람에게 집중시키는 것이다. 아무도 귀 기울이거나 집중하지 않는다면 말을 할 수가 없기 때문이다.
2. **서두** : 앞으로 무슨 이야기를 할 것이지 그리고 그것이 왜 중요한지 이야기한다.
3. **첫 번째 요점** : 여기서 본론으로 들어간다. 첫 번째 요점을 말함으로써 강연의 기초를 마련하고 앞으로 전개하게 될 본론을 시작한다.
4. **다음 요점으로 이동하기** : 첫 번째 요점을 마무리하고 다음 요점으로 넘어간다는 것을 확실히 해야 한다. 이 단계 자체가 자연스럽게 말하기의 기술이 된다.
5. **두 번째 요점** : 첫 번째 요점과 논리적으로 연결되어야 한다.
6. **다음 요점으로 이동하기** : 다음 주제로 넘어간다는 것을 분명히 밝힌다.
7. **세 번째 요점** : 첫 번째, 두 번째 요점에 자연스럽게 연결되면서 강연의 마무리를 향해 넘어가기 시작한다.
8. **요약** : 결론을 이끌어 내어 강연의 목표인 행동을 촉구한다.

2장에서는 위의 각 단계의 목표를 적절한 순서에 맞게 성취할 수 있도록 강연을 구성하고 발전시켜나가는 방법을 살펴볼 것이다.

효과적으로 말하는 법을 배우는 과정에서 연습을 대신할 만한 것은 없다. 특히 큰 소리로 연습하는 것이 중요하다. 수년 동안 나는 아마추어와 프로가 하는 강연을 수백 번 보아왔는데, 그들이 사전에 완벽하게 연습했는지는 단번에 알 수 있었다.

말하기 훈련의 비법

유명한 작가인 엘버트 허버드(Elbert Hubbard)는 어떻게 하면 작가가 될 수 있느냐는 질문을 받고 다음과 같이 대답했다.

"글쓰기 능력을 키우는 방법은 오로지 쓰고, 또 쓰고, 또 쓰고, 또 쓰고, 또 쓰고, 또 쓰는 것입니다."

마찬가지로 말을 잘하는 능력을 키우는 방법은 오로지 말하고, 또 말하고, 또 말하고, 또 말하고 또 말하는 것뿐이다. 말하는 기술을 배우는 과정은 다른 분야의 기술을 익히는 과정과 똑같다. 상대와 의견을 서로 나누고 설득할 수 있는 능력을 완전히 정복하기까지 끊임없이 훈련을 반복해야 한다.

말하는 스타일과 능력을 향상시키는 데 매우 좋은 방법 중 하나는 시를 암송하는 것이다. 당신이 좋아하는 시를 암기해서 반복해서 암송해 보자. 큰 소리로 암송할 때마다 목소리에 힘과 열정을 실어 보자. 리듬과 목소리 톤을 다양하게 바꾸어 보고 여러 단어를 강조해서 암송해 보자. 블록버스터 영화의 주인공 역할의 오디션을 본다고 상상하면서 암송해 보는 것도 좋다. 시의 한 줄 한 줄을, 당신과 듣는 사람을 감정적이고 열정적으로 연결시켜 주는 매우 중요한 내용이라고 생각하고 암송해 보자.

좋은 시를 읽으면 좋은 문장을 만드는 방법뿐 아니라, 자신의 요점을 효과적으로 전달 할 수 있는 단어를 풍부하게 사용하는 방법도 배울 수 있다. 사람들은 당신이 말한 내용은 잊어버리지만 당신이 어떻게 말했는지는 잊지 않는다. 단어마다 구절마다 강조하는 부분을 다르게 읽는 연습을 통해서 음악처럼 말하는 능력을 키울 수 있다. 이런 능력은 듣는 사람들로 하여금 당신의 메시지에 사로잡히게 만든다.

셰익스피어의 작품을 읽는 것도 좋은 훈련법이다. 특히 『햄릿』, 『맥베스』, 『줄리어스 시저』, 『로미오와 줄리엣』에 나오는 유명한 독백이 좋다. 이 아름다운 독백을 읽으면서 당신은 언어 능력을 키울 수 있고 미사여구로 꾸미고 설득하는 능력을 향상시킬 수 있다.

뛰어난 강사들에게 배우기

말을 잘하기 위한 최고의 방법은 다른 강사의 스피치를 최대한 많이 들어보는 것이다. 들으면서 노트에 필기를 해야 한다. 그들이 어떻게 걷고, 말하고, 움직이고, 어떤 제스처를 취하는지 관찰해 보자. 숙련된 강사는 어떻게 말문을 여는지, 본론으로 어떻게 넘어가는지, 어떤 사례를 들어 설명하고 어떤 유머를 활용하는지, 어떻게 연설 내용을 마무리하는지, 청중과 함께하는 시간을 어떻게 결론짓는지를 관찰하자.

연설의 시작부터 끝까지 당신이 관찰하고 싶은 내용들의 목록을 작성하고 강사에게 항목마다 1에서 10까지 점수를 매겨서 관찰해 보자. 강사가 각 항목을 어떻게 하면 더 점수를 얻을 수 있었는지 당신이라면 어떻게 할 것이지 생각해 본다.

실력이 뛰어난 강사들의 CD를 구해서 들어보는 것도 좋다. 반복해서 들으면서 말하는 사람이 듣는 이의 생각과 감정, 행동의 변화를 이끌어내기 위해 어떻게 설득하고 어떻게 로고스, 에토스, 파토스를 사용하는지 확인해 보자.

요약

의사소통의 가장 놀라운 점은 의사소통을 하면 할수록 실력이 향상된다는 것이다. 말하는 기술을 정복하려면 마음의 준비를 하고 몇 개월 혹은 몇 년까지도 반복해서 꾸준히 연습해야 한다. 지름길은 없다.

평범함과 위대함을 가르는 것은 준비라는 사실을 명심하라. 그러므로 논리를 갖추고, 풍부한 어휘를 준비하고, 듣는 이에게 진행하고자 하는 연설의 목적을 분명하게 정리해야 한다. 그리고 훈련을 반복하는 것이다. 당신이 암송했던 모든 시의 구절, 큰 소리로 읽었던 독백들, 당신이 관찰하고 비평했던 강사의 연설들은 당신의 말하기 실력에 날개를 달아 줄 것이다.

Chapter 2

계획과 준비에
모든 것이 달렸다

한 사람의 진정한 가치는 그가 추구하는 목표에 의해 측정된다.

- 마르쿠스 아우렐리우스(Marcus Aurelius)

얼마나 철저하게 스피치를 준비하는가에 말하기의 성공 여부의 90%가 달려 있다. 유명한 소설가 어니스트 헤밍웨이(Ernest Hemingway)는 이렇게 썼다.

"자기가 쓰는 한 단어를 위해 10개의 단어를 알고 있어야 한다. 그렇지 않으면 독자는 당신이 쓴 그 단어가 진짜가 아니라는 것을 알아챌 것이다." 그러나 말하기에 있어서는 당신이 말하는 한 단어를 위해 100개의 단어를 읽고 조사해야 한다. 그렇지 않으면 듣는 사람은 당신이 제대로 사실을 확인하거나 준비하지 않고 그냥 머리에 떠오르는 대로 이야기한다는 사실을 눈치챌 것이다. 당신이 말할 내용에 대해 철저하게 준비하지 않는다면 사람들은 듣는 즉시 말하는 주제에 대한 당신의 지식의 깊이가 부족하다는 사실을 알아챘다.

준비를 부족하게 한 채 똑똑하고 분별력 있는 청중 앞에 선다면 당신에 대한 신뢰도는 자동적으로 떨어진다. 즉 당신에 대한 에토스가 추락하는 것이다. 만약 당신이 준비가 제대로 되어 있지 않다면, 그래서 듣는 이들에게 당신이 해당 주제의 전문가가 아니라는 사실이 전해진다면 그들은 그 즉시 당신이 전달하는 메시지를 차단할 것이다. 당신이 이야기하는 내용이 아무리 훌륭하다고 할지라도 이미 마음의 문을 닫아 버릴 것이다.

반대로 충분하게 준비를 했을 경우에 효과는 즉각 나타나 당신에 대한 신뢰도가 향상될 것이다. 철저하게 준비된 연설은 듣는 이들을 단번에 사로잡고, 그들의 마음을 열고 당신의 메시지를 받아들이게 한다.

듣는 이에 대한 정보와 특성을 파악하라

준비의 출발점은 당신의 스피치를 들을 청중이다. 준비를 할 때는 '당신'이 아닌 '그들'이 중심이 되어야 한다는 뜻이다. 당신은 소비자에 대해 완벽하게 파악하기로 결심한 시장조사 전문가가 되었다고 가정해 보자. 그는 정확히 어떤 사람인가? 어떤 사람이 당신의 이야기를 들을 것인가? 이것이 효율적인 스피치와 철저한 준비에서 가장 중요한 부분이다. 스피치를 준비할 때 활용할 수 있는 상대에 대한 기본 정보는 다음과 같다.

나이와 연령대

듣는 사람들은 몇 살이며 연령대가 어떻게 되는가? 젊은 층과 노년층은 이해력, 문화 지식, 배경 등이 서로 다르다. 따라서 상대의 연령대를 파악하는 것은 매우 중요하다.

성

청중의 성별 구성이 어떻게 되는가? 내 강연의 청중의 성별 구성은 남녀가 반반일 경우도 있고, 95%가 남자이거나 95%가 여자일 경우도 있다. 이러한 성별의 비중은 연설을 구성하는 방식이나 의견을 피력하는 방법에 영향을 미친다.

소득

듣는 상대의 소득 수준은 어떠한가? 평균 소득은 얼마인가? 최저에서 최고까지 수입의 범위는 어떻게 되는가? 특히 어떻게 돈을 벌며 소득에 영향을 미치는 요인은 무엇인가? 이런 내용들을 파악한다면 돈이나 소득과 관련된 주제를 언급할 때 상대방이 더욱 잘 받아들일 수 있도록 이야기를 이끌어 나가는 데 도움이 된다.

교육

듣는 사람들의 교육 배경은 어떠한가? 고졸인가 아니면 대졸인가? 문과 출신인가, 이과 출신인가? 이런 교육 배경에 대해 알고 있으면 관련 사례,

보기, 어휘 등을 선택하는 데 도움이 된다.

직업

듣는 이들의 직업은 무엇인가? 자신의 전문 분야에 얼마나 종사했는가? 그들이 몸담고 있는 분야의 움직임은 어떠한가? 그들 직업이 경기 동향은 어떤가 등을 확인한다.

가족 사항

듣는 이들의 가족 사항은 어떠한가? 기혼인가, 독신인가? 이혼을 했는가, 혹은 사별 했는가? 대부분 기혼자인가, 아니면 대부분 독신자인가? 대부분 아이들이 있는가? 이런 사항들은 매우 중요하므로 반드시 파악해야 한다.

주제에 대한 지식 수준

당신이 말하려는 주제에 대해 듣는 이들이 얼마나 알고 있는가? 기초적인 정도만 알고 있는가, 아니면 어느 정도 수준의 지식을 갖추고 있는가? 이것을 파악하고 있어야 당신이 말하고자 하는 내용의 수준을 높일 것인지 아니면 쉽게 풀어나갈 것인지 결정할 수 있다.

사고 방식

다음과 같은 질문들을 통해 듣는 이들이 어떤 생각을 하고 있는지 분석할 수 있다.
- ▶ 그들의 목표와 포부는 무엇인가?
- ▶ 당신이 말하려는 주제에 대한 그들의 희망과 두려움은 무엇인가?
- ▶ 그들이 필요로 하는 것들 중에 당신의 논평과 아이디어로 충족시켜 줄 수 있는 것이 있는가?
- ▶ 그들의 가치관과 신념은 무엇인가?
- ▶ 정치적 성향은 어떠한가?
- ▶ 종교에 대한 그들의 생각과 신앙심은 어떠한가?
- ▶ 그들이 가지고 있는 걱정, 근심, 문제는 무엇인가?

듣는 사람들의 정서적인 배경을 이해하는 것은 그들과 유대감을 형성하는 데 많은 도움이 된다. 회의나 강연을 계획하는 회사의 담당자에게 사전에 이런 질문들에 대한 논의를 하고, 상대 회사의 웹사이트나 출판물을 살펴보면 당신에게 필요한 답을 얻을 수 있을 것이다.

공통 관심사

듣는 이들의 공통된 꿈, 목표, 아이디어를 이해하는 것은 매우 중요하다. 예를 들어 나는 세일즈맨이나, 기업가, 사업주, 네트워크 마케터 등 다양한 사람들을 대상으로 강연을 한다. 이들의 공통 분모는 모두 재정적으로 성공하기를 바란다는 것이다. 따라서 내가 그들에게 이야기하는 모든 것들은 어떻게 하면 하나의 아이디어가 그들의 소득과 이윤을 증가

시키는 데 활용할 수 있는가에 관련되어 있다. 이런 접근법을 사용하면 그들은 몸을 앞으로 기울이고 내가 이야기하는 모든 말에 귀를 기울이고 때로는 기립 박수를 보내기까지 한다. 당신도 이렇게 할 수 있다.

근황

언젠가 전국에 소매업자와 유통 사업자들을 통해 제품을 판매하는 제법 큰 규모의 국내 기업으로부터 강연을 요청받은 적이 있다. 나의 강연은 그 조직의 관리자들이 중요한 발표를 한 이후에 진행되는 것으로 예정되어 있었다. 중요한 발표란 회사가 앞으로 한 달 안에 제품을 소비자들에게 직접, 세일즈맨과 동일한 가격으로 판매하기 시작할 것이라는 내용이었다. 게다가 세일즈맨에게 지급하던 커미션을 직접 구매한 소비자에게 지급하겠다는 것이었다.

예상했던 대로 청중석의 세일즈맨들은 충격을 받아 말문이 막힌 상태로 앉아 있었다. 그들의 소득은 온전히 유통 사업자들에게 파는 제품의 커미션에 달려 있었다. 회사 정책이 바뀜에 따라 유통 사업자들은 같은 가격에 커미션까지 얹어서 회사로부터 제품을 직접 구입할 수 있게 된 것이다.

회사는 나에게 강연료를 주면서 세일즈맨들에게 아무리 어려운 상황이 닥치더라도, 설사 그들의 주요 소득원이 급격하게 줄어드는 상황이라 할지라도 나가서 열심히 일하도록 독려하는 강연을 요청했다. 나는 지금도 청중석에 앉은 사람들의 표정을 잊을 수가 없다. 그들은 믿을 수 없다는 생각 때문에 망연자실한 표정으로 앉아 있었다. 회사가 자신들에게 자행한

만행을 수습하려고 보낸 사람을 바라보듯이 나를 바라보았다. 나는 이 모든 것을 알고 있었기 때문에 전혀 반응이 없는, 부정적인 청중에게 효과적으로 이야기하는 방법을 준비했었다. 이처럼 회사나 조직의 내부 사항을 미리 파악하는 것은 매우 중요하다.

기초 정보 이상을 파악하라

특정 산업이나 비즈니스 단체, 또는 기타 단체에 종사하는 사람들에게 강연을 해야 할 경우 그 해당 분야의 직종에 대한 모든 것을 철저히 조사해야 한다. 그들이 판매하는 제품의 시장 상황은 어떠한가? 현재 시장에서 성장하고 있는가, 정체기인가, 아니면 침체기인가? 현재 그들에게 영향을 미치는 비즈니스 트렌드나 정치적 흐름은 무언인가? 강연이나 프레젠테이션을 준비할 때 다음 사항들을 미리 점검해 보자.

업계 내부의 상황을 고려하라

한번은 다국적 대기업의 관리자 그룹에 대한 강연을 요청받은 적이 있었다. 그때 그 회사는 고위급에서 중하위급까지 다수의 관리자들을 해고한 직후였고 나는 해고되지 않은 관리자들을 상대로 강연을 해야 했다. 하지만 내가 '개인의 생산성과 리더십의 효율성'이라는 주제로 강의를 하러 그곳에 도착하기 전에 회사 측에서는 추가적으로 관리자들을 해고하겠다는 발표를 했다. 내 강연을 듣게 될 사람들 가운데 다수가 한 달 이내에 회사를 그만두어야 하는 상황에 처한 것이다. 당연히 그들은 강연을 듣는 내내 어떠한 반응과 관심도 보이지 않았다. 그들의 머릿속에는 오로지 다음 차례는 자신이 될지도 모른다는 생각뿐이었다. 이런 상황은 강사에게 좋지 않다. 충분히 시간을 들여 이런 상황을 미리 파악해 두어야 강연 현장에서 당황하지 않고 대처할 수 있다.

지역적 환경을 파악하라

당신이 스피치를 하러 가는 시역에 어떤 상황이 벌어지고 있는지 파악하라. 예를 들어, 나는 내가 방문하는 도시의 스포츠 팀이 며칠 전의 경기에서 승리했는지 못했는지를 언급했던 적이 여러 번 있었다. 이런 종류의 정보를 파악해 두었다가 말머리에 언급하는 것은 중요하다. 이렇게 하면 듣는 이들은 당신에 대해 자신들을 이해하지 못하는 외부인이라는 선입견을 버리고 당신을 대할 것이다.

최근 상대방이 어떤 강연을 들었는지 파악하라

준비를 할 때 잊지 말아야 할 한 가지는 다른 강사의 강연을 들은 경험이 있는지 알아보는 것이다. 어떤 강사가 어떤 주제를 강연을 했는가? 듣는 이들은 그 강사와 주제에 대해 어떻게 반응했는가? 그들은 강연에 대해 만족해했는가? 아니면 이전 강사에게 실망했는가? 실망했다면 이유는 무엇인가? 이전 강사를 마음에 들어 했다면 그 이유는 무엇인가? 이전의 강사는 무슨 말을 했는가?

여러 명이 강의를 하는 경우라면 당신 바로 앞에 강의를 하는 사람이 누구인지, 그는 어떤 주제로 강의를 할 것인지, 그리고 청중의 반응은 어땠는지 아는 것도 중요하다.

상대방의 관심사에 맞춰 내용을 준비하라

최근에 나는 4,000명을 대상으로 스피치를 한 적이 있다. 나는 강연 준비 담당자들과 나눈 면밀한 대화를 바탕으로 상당히 많은 시간을 들여 강연 내용을 준비했다. 그 결과 나는 90분에 걸쳐 회사의 주요 주제, 관심사, 경쟁력 있는 도전, 향후 방향까지 하나의 잘 짜여진 내용의 강연을 구성할 수 있었다. 강연이 끝난 뒤 회사의 대표가 내가 다가와 지금까지 들어본 강연들 중 최고였다고 말해 주었다. 높은 수준의 강연료를 지급했던 이전의 강사들은 하나같이 회사에 맞춤으로 구성된 강연을 준비하겠다고 약속했지만 전혀 약속을 지키지 않았다는 것이다. 회사의 대표는 강사들이 말문을 열자마자 그들이 회사의 관심사에 맞춰서 강연 내용을 준비하지 않았다는 것을 분명히 알 수 있었다고 했다. 그래서 그들은 그 후로 다시는 초청되지 않았다.

목표를 생각하고 시작하라

스피치의 목적을 잊어버리면 안 된다. 당신의 강연을 듣고 난 후 청중 한 사람에게 다음과 같은 질문을 할 수 있다면 어떤 대답을 듣고 싶은가?
"이 강연으로 무엇을 얻었으며 그로 인해 앞으로 어떻게 행동을 바꿀 것입니까?"

이 질문에 구체적으로 대답할 수 있다면 당신은 훨씬 쉽게 강연의 내용을 구성하고 준비할 수 있을 것이고, 그 결과 주어진 시간 안에 목적을 성취할 수 있을 것이다.

시계를 보라

스피치에서 또 하나 중요한 점은 자신에게 배정된 시간과 스피치의 구성에 대해 분명히 알아야 한다는 것이다. 청중은 주어진 시간의 75%는 강연을 듣고 나머지 시간에는 질의 응답 시간을 갖기를 원하기도 한다. 혹은 강연 계획 담당자들은 전체 시간을 강연으로 채워 주길 바라는 경우도 있다. 어떤 경우든 당신이 강연을 끝내겠다고 한 시간에 정확히 끝내는 것이 중요하다.

모든 강연, 회담, 협의의 시간은 매우 세심하게 편성된다. 한번은 5,000명 앞에서 스피치를 하기로 한 적이 있다. 강연 준비 담당자들은 매우 꼼꼼하게 내가 강연할 내용을 모두 적어서 제출해 달라고 했고 그러고 나서 소규모의 간부 그룹 앞에서 스피치를 먼저 선보여 달라고 요구했다. 그 간부들은 나의 스피치에 대해 조언을 하거나 논평을 해주었는데 그들의 주된 관심사는 내가 강연에 사용할 시간을 분 단위로 정확하게 지키는 것이었다.

실제 강연에 참가했을 때 내 앞에서 스피치를 했던 강사는 자신에게 주어진 시간이 22분이었는데 28분을 써버렸다. 내 차례를 기다리며 무대 뒤에 서 있었던 나는 초조와 불안과 분노 속에 어찌할 바를 모르며 서 있던 강연 계획 담당자들을 보았다. 그들의 관심은 온통 내 앞의 강사가 약속보다 더 오래 시간을 끔으로써 모든 스케줄을 복잡하게 만들었다는 데 쏠려 있었다. 그는 두 번 다시 초청받지 못했다.

모든 사항을 파악했다면 이제 준비하라 – 논리적인 스피치 구성법

내가 스피치를 준비할 때 수년 간 사용해온 사용해 온, 아주 효과적인 방법이 있다. 먼저 한 장의 깨끗한 종이를 준비하고 맨 위에 스피치의 제목을 쓴다. 그러고 나서 내 스피치의 목적 혹은 목표를 한 문장으로 써 본다. '내 스피치의 목적은 무엇인가?' 그다음에는 내가 사용할 수 있는 모든 아이디어, 통찰, 인용 문구, 통계, 사례들을 종이 위에 쏟아 놓는다. 나는 쓰고, 또 쓰고, 또 쓰고, 또 쓴다. 그러다 보면 종이 두세 장을 꽉 채우기도 한다. 그중에서 몇몇 부분을 골라내서 시작부터 끝까지 자연스럽게 흘러가는 스피치가 되도록 논리적인 흐름에 맞게 구성한다. 당신도 이렇게 해 보라. 스피치에 적절할 것 같이 생각되는 20여 개 혹은 30여 개, 혹은 50여 개의 요점을 종이에 쓰려고 자신의 생각을 짜내다 보면 자기도 모르게 수많은 아이디어가 떠오를 것이다. 모든 요점을 정리한 뒤에는 빨간 펜으로 요점마다 동그라미 표시를 한다. 스피치를 할 때 가장 큰 영향을 미치는 부분이 될 것이다. 그러고 나서 요점들을 순서에 맞게 배치하고 나면 스피치는 자연스러운 구성을 갖추게 된다.

PREP 공식

요점들을 선별하고 나면 요점마다 'PREP' 공식을 사용할 수 있다.

▶▶▶ P(Point of View) : 견해

스피치를 시작할 때 당신의 생각, 아이디어 또는 사실을 언급하라. 예를 들어 이렇게 말할 수 있다.

"과거 100년 동안 번 것보다 더 많은 돈을 향후 10년 동안 버는 사람들이 더 많아질 것입니다."

▶▶▶ R(Reason) : 이유

당신이 그러한 견해를 가지게 된 이유를 말하라. 예를 들면 이렇게 말할 수 있다.

"자수성가해서 백만장자와 억만장자가 된 사람들의 수가 지난 5년 동안 60%나 증가했습니다. 그리고 그 증가 속도는 더욱 가속되고 있습니다."

▶▶▶ E(Example) : 예

예를 들어 당신의 견해를 강화하거나 입증하라. 예를 들어 다음과 같이 말할 수 있다.

"1900년에 미국의 백만장자는 5,000명이었고 억만장자는 없었습니다. 2000년에는 백만장자가 500만 명이었고 억만장자는 500명 이상이었습니다. 『비즈니스 위크』지에 따르면 2007년도에 미국의 백만장자는 890만 명이었고, 전 세계적으로 억만장자는 700명을 넘어섰습니다. 이들 중 대부분은 자수성가한 사람들입니다."

▶▶▶ P(Point of View) : 견해

당신의 아이디어를 강조하기 위해 처음에 언급한 견해를 다시 말하라. 예를 들어 다음과 같이 말할 수 있다.

"오늘날은 그 어느 때보다도 여러분과 같은 소수의 창의적인 사람들이 경제적으로 성공할 기회가 많아졌습니다. 앞으로는 기회가 더 많아질 것입니다."

PREP 공식의 구체적인 예

PREP 공식을 활용한 스피치의 사례를 살펴보자.

지금은 인류 역사상 살아남기에 가장 적합한 시기입니다(견해). 주택보유율은 가장 높고 실업률은 역대 최하이며, 산업화된 세계에서 경제는 급속히 성장하고 있습니다(이유). 지난 해만 해도 미국에서 100만 명 이상이 호황에 힘입어 기업 활동이라는 대양에 자기 사업이라는 선박을 진출시켰습니다(예). 지금은 이처럼 기회의 때이므로 향후로는 더 많은 사람들이 과거 100년 동안 벌었던 것보다 더 많은 돈을 벌 것입니다(견해 재언급).

당신의 스피치의 모든 요점을 이렇게 간단한 공식을 활용해 구성할 수 있다. 이 공식은 듣는 이들이 당신의 메시지를 받아들이도록 설득하는 데 놀라울 정도로 효과적이고 영향력이 있다.

자동차 와이퍼 기법

　자동차 와이퍼 기법 또한 스피치를 구성할 때 활용할 수 있는 방법이다. 인간은 우뇌와 좌뇌를 가지고 있다. 좌뇌는 사실과 정보에 의해 활성화되고 우뇌는 감정과 스토리, 인용, 사례에 의해 활성화된다.

　자동차 와이퍼 기법은 간단하다. 먼저 사실을 이야기하고 이어서 스토리를 풀어나간다. 그다음 사실을 이야기하고 다시 그에 대한 인용문을 언급한다. 또 다른 사실을 이야기하고 이어서 사례를 든다. 이렇게 자동차 와이퍼처럼 좌뇌와 우뇌를 번갈아 활성화하며 스피치를 풀어나가는 것이다.

　이 기법을 준비하기 위해서는 먼저 종이 한 장을 꺼내 종이 중앙에 위에서 아래로 선을 긋는다. 선의 왼쪽에는 당신이 말하고 싶은 사실이나 요점을 쓰고, 오른쪽에는 그 사실을 입증해 주는 사례나 스토리, 예화를 쓴다. 왼쪽 칸에 있는 각각의 항목에 대해 오른쪽 칸에는 대응하는 스토리를 적어나가는 것이다.

　이 기법을 사용하면 듣는 사람의 좌뇌와 우뇌를 모두 활성화할 수 있다. 그리고 그들은 몸을 앞으로 기울이고 당신이 하는 모든 말에 귀를 기울일 것이다. 강의하는 내내 청중으로 하여금 당신에게 주목하게 할 수 있다.

원 그리기 기법

　종이에 스피치를 계획해 나갈 때 그림이나 시각적인 삽화를 사용할 수 있다. 나는 다섯 개의 커다란 원을 위에서부터 아래로 차례로 그린다. 각각의 원은 스피치의 구성 요소를 나타낸다. 첫 번째 동그라미는 서두에 청중의 주의를 집중시키고 무대의 분위기를 환기하는 코멘트를 적는다. 두 번째, 세 번째, 네 번째 동그라미에는 강연에서 사용한 요점들을 쓴다. 다섯 번째 동그라미에는 강연을 마무리할 코멘트를 적는다.

강연의 길이가 좀 더 길 때는, 필요하다면 종이를 한 장 더 사용해서 일곱 개의 동그라미를 그리기도 한다. 역시 첫 번째와 마지막 동그라미에는 각각 시작하는 말과 끝맺는 말을 적는다. 가운데 동그라미들에는 강연의 요점들을 순서에 따라 적어 넣는다.

오프닝과 클로징 준비하기

스피치의 오프닝을 준비하는 것은 매우 중요하다. 시작하는 말은 단어 하나 하나 선별해서 준비하고, 마음속으로 그다음에는 거울 앞에서 큰 소리로 반복해서 연습을 해야 한다. 오프닝 멘트는 무대의 분위기를 환기하고, 기대감을 불러 일으키고, 듣는 이들에게 당신의 메시지를 분명하게 전하는 기회가 된다.

클로징 멘트도 신경 써서 준비해야 한다. 스피치를 마무리할 때 정확하게 무슨 말을 해야 할지 생각해야 한다. 그렇게 해야 어떤 이유에서든 강연 시간이 짧아지는 경우가 생긴다고 해도 효과적으로 마무리할 수 있을 것이다.

시각적인 자료 준비하기

스피치를 하는 동안 요점을 한눈에 볼 수 있고 생생하게 전달할 수 있는 시각적인 요소를 활용할 필요가 있다.

마술지팡이 기법

그런 시각적인 요소들 가운데 하나가 내가 '마술지팡이'이라고 부르는 기법이다. 나는 말을 하다가 주머니에서 금색 펜을 꺼내어 이렇게 말한다. "여러분이 마술지팡이를 휘둘러서 이 모든 상황을 완벽하게 해결할 수 있다고 상상해 보십시오. 어떨 것 같습니까?"

나는 마술지팡이를 휘두른 뒤 잠깐 멈추고 나서 청중이 모든 문제가 완벽하게 해결됐을 때의 상황을 상상할 시간을 준다. 그리고 나서 청중이 현재 닥친 상황을 개선하는 데 활용할 수 있는 전략이나 기법을 소개한다.

파워포인트 활용하기

파워포인트의 사용 여부는 여러 가지 요인에 따라 달라진다. 전문적으로 강연을 하는 사람들 사이에서는 "프레젠테이션을 망치는 파워포인트"라는 표현을 사용하기도 한다. 많은 강사가 프레젠테이션을 할 때 파워포인트에 너무 의존한 나머지, 슬라이드를 넘기며 강연을 하는 도중에 자신의 개성이나 강연의 핵심은 사라져 버리고 마는 것이다.

파워포인트를 사용하는 것이 필요한 상황이라면, 다음과 같은 몇 가지 규칙을 따르는 것이 좋다.

1) 5 x 5 규칙

우선 한 슬라이드에 들어가는 문장이나 어구는 5줄 이하여야 한다. 그리고 한 줄에는 5개 이하의 단어가 있어야 한다. 그 이상의 단어나 줄을 사용하면 청중은 집중력이 흐트러지고 혼란스러워할 수도 있다. 규모가 작은 모임에서는 더 많은 줄이나 단어를 사용할 수도 있다.

제시한 요점이 몇 개이든 한 슬라이드에는 한 개의 요점만 언급해서 설명해야 한다. 온갖 정보로 가득 채워진 슬라이드를 보여주면 청중은 글을 읽느라 당신에게 집중하지 못할 것이다.

내가 얼마 전 어느 다국적 기업에 강연을 하러 갔을 때의 일이다. 내가 강연을 하기 한 시간 전에 회사 사장의 연설이 있었다. 그의 파워포인트 프레젠테이션은 한 슬라이드에 수백 개의 수치들이 행과 열을 가득 채우고 있었고, 청중 중에서 어느 누구도 그 내용을 정확하게 이해하지 못하고 있었다. 그는 한 시간 내내 화면을 바라보며 슬라이드 속의 수치를 언급했다. 강사가 사장이었기 때문에 직원들은 자세를 바르게 한 채 앉아 있었지만, 모두에게는 매우 고통스러운 시간이었다. 당신에게는 이런 일이 발생하지 않도록 하라.

2) 시선은 청중을 향하라

파워포인트를 사용할 때 시선은 항상 청중을 향해야 한다. 뒤편의 스크린에 어떤 내용의 슬라이드가 열려 있는지 알기 위해 노트북을 자기 앞에 두어야 한다. 파워포인트 프레젠테이션을 클릭하면서 강연을 진행하는 동안에도 내내 당신의 시선은 청중을 향해 있어야 한다. 스크린에 없는 내용을 이야기할 때는 잠시 스크린을 꺼두는 것이 좋다. 당신의 얼굴은 프레젠테이션에서 가장 중요한 요소라는 것을 명심하라. 스크린에 내용이 보이는 동안 청중의 시선은 당신의 얼굴과 스크린 사이를 왔다 갔다 해야 한다. 마치 테니스 경기를 관람하는 사람들처럼 말이다.

3) 조명을 활용하라

파워포인트를 사용할 때 당신의 얼굴은 처음부터 끝까지 조명을 받아야 한다. 스크린이 최대한 잘 보이게 하기 위해서 어둠 속에서 프레젠테이션을 진행하는 회사 고위 간부들을 볼 때마다 나는 실망을 금치 못한다. 강연에 참석하기 위해 먼 거리에서 와서 많은 시간을 투자해 준비한 프레젠테이션을 어둠 속에서 선보이는 것은 현명한 처사가 아니다.

4) 파워포인트는 도구일 뿐이다

파워포인트는 도구로서만 사용해야 한다. 스피치의 중심이 되어서는 안 된다. 프레젠테이션의 중심은 당신이고 파워포인트는 단지 당신이 요점을 청중에게 좀 더 확실하게 전달할 수 있도록 도와주는, 보조 역할을 할 뿐이다.

미리 예행 연습을 하는 것도 잊어서는 안 된다. 프레젠테이션을 하기 전에 3번에서 5번 정도 총연습을 해야 한다. 시작하기 전에 파워포인트와 대형 화면이 제대로 연결되어 있는지, 아무 문제 없이 정상적으로 작동하는지 확인하기 위해 실제처럼 완벽하게 최종 연습을 해야 한다.

5) 예기치 않은 상황을 예상하라

파워포인트를 기반으로 스피치를 준비했는데 파워포인트가 작동하지 않는 상황을 경험한 적이 있을 것이다. 강사는 계속해서 마우스를 클릭하지만 스크린은 변화가 없다. 몇몇 사람이 우르르 무대로 올라와서 기계를 작동하려고 여기저기 손을 만져 보고 기술자를 부르느라 정신이 없다. 프레젠테이션은 중단되고 무대 위에 있던 사람들은 당황한 표정으로 서 있게 된다. 이런 일을 방지하기 위해 사전에 철저하게 예행 연습을 해야 한다.

6) 당신과 당신의 메시지에 주목하게 만들어라

파워포인트를 사용할 때는 우선 강하고 분명한 말로 강연을 시작해야 한다. 그리고 중요한 수치, 요점, 관련 사항 등을 설명할 때 파워포인트를 사용하는 것이다. 파워포인트 활용을 마친 뒤에는 반드시 스크린을 끄고 당신의 얼굴과 말로 전하는 메시지에 집중하게 한 뒤 강연을 마무리한다.

스피치의 매끄러운 흐름을 위한 준비

강사가 스피치를 할 때는 같은 스피치를 세 번은 하게 된다. 첫 번째는 계획하면서 하는 스피치이다. 두 번째는 실제로 듣는 사람들 앞에서 행하는 스피치다. 세 번째는 마치고 돌아가는 길에 되돌아보며 이렇게 했더라면 좋았을 것이라는 생각으로 하는 스피치다. 가장 바람직한 스피치는 계획했던 것, 실제로 행한 것, 그렇게 하기를 바랐던 것 이 세 가지가 모두 일치하는 것이다. 이런 스피치를 했을 때 당신은 기쁨과 만족감을 충만하게 느낄 것이다.

요점에서 요점으로 자연스럽게 넘어가기

스피치를 계획하고 준비할 때는, 한 가지 요점을 끝내고 다음 요점으로 넘어간다는 것을 듣는 이가 명확하게 알 수 있도록 구성해야 한다. 원고를 반복해서 검토하면서 내용을 개선하고 당신의 메시지를 매끄럽게 전달할 수 있는 방법을 끊임없이 찾아보자.

연습만이 살 길이다

몇 년 전 나는 한 조직으로부터 중요한 강연을 해 달라는 초청을 받은 적이 있었다. 그곳에 참가한 청중 가운데에는 내 강연에 감명을 받는다면 향후 나를 강사로 초청할 가능성이 높은 사람들이 포함되어 있었다. 나는 지나칠 정도로 많은 시간을 투자해 강연을 준비하고 연습했다. 발표할 내용을 50번 정도 검토하고 난 후에 나는 수많은 청중이 앉아 있는 컨벤션 센터의 단상에 섰다.

연습에 들인 시간과 노력은 나를 배신하지 않았다. 그 강연은 비디오로 녹화되고 오디오로 녹음되었다. 그리고 여러 나라 언어로 번역되어 수만 명의 사람이 볼 수 있도록 전 세계로 배포되었다. 몇 년 후 이 강연은 그 조직에서 37년 동안 실시된 1,000회 이상의 강연 가운데 최고로 선정된 12회의 강연에 포함되었다. 준비와 연습은 성공을 보장한다.

연상기호 활용법

훌륭한 스피치를 준비하는 또 다른 방법은 연상 기호를 활용하는 것이다. 이것은 특정한 구절이나 일련의 글자들 혹은 숫자를 가지고 머릿속에서 스피치를 구성하는 것이다.

많은 기억 훈련 전문가는 연상 기호를 활용한다. 그들은 먼저 '하나(one, 원)'와 각운을 이루는 '총(gun, 건)'을 사용한다. 그래서 첫 번째 요점을 생각할 때 시작하는 말이 총에서 나오는 것으로 생각한다. 그다음 '둘(two, 투)'과 각운을 이루는 단어 '신발(shoe, 슈)'을 사용해서, 두 번째 요점이 신발 안이나 아래에서 나온다거나 혹은 다른 어떤 방식으로든 신발과 관련하여 생각한다. 마찬가지로 '셋(three, 쓰리)'과 '나무(tree, 트리)'는 각운을 이루기 때문에 세 번째 요점은 나뭇가지에 매달려 있다고 생각한다. 숫자 '넷(four, 포)'은 각운을 이루는 '문(door, 도어)'을 활용해 네 번째 요점이 문에 붙여져 있다고 생각한다.

이렇게 숫자를 생각하면서 각운이 맞는 단어를 떠올리는 기억법을 활용한다면 강연의 열 개의 요점을 잊어버리지 않고 순서에 맞게 연결할 수 있다. 이 방법은 청중 앞에서 원고 없이 스피치를 하는 경우에 흔히 사용된다.

단어 활용법

내가 즐겨 쓰는 이 방법은 강의 내용과 관련이 있으면서 청중에게도 중요한 한 단어를 중심으로 스피치 내용을 구성해 나가는 것이다. 어떤 단어든 사용할 수 있다. 예를 들어 '성공(success)'이라는 단어를 활용해 보자.

S ▶ **'목적의식**(Sense of purpose)'을 의미한다. 어떤 일을 시작하기 전에 명확하고 구체적인 목적을 갖는 것의 중요성을 설명한다.

U ▶ **'당신에게 책임이 있다**(You are responsible)'를 의미한다. 자신의 인생이나 경력을 책임지는 것은 자기 자신이며 어떤 변명도 해서는 안 된다는 점을 설명한다.

C ▶ **'고객 만족**(Customer satisfaction)'을 의미한다. 이상적인 고객을 분명히 정의하고, 그 고객을 설득하고 경쟁사보다 더 큰 만족을 주어야 한다는 점을 설명한다.

C ▶ **'창의성**(Creativity)'을 의미한다. 오늘날 시장에서 제품을 홍보하고 판매하기 위해서는 더 뛰어나고, 빠르고, 비용이 적게 드는 방법을 찾는 것이 중요하다고 설명한다.

E ▶ **'탁월함**(Excellence)'을 의미한다. 자신의 일에 있어서 뛰어난 실력을 갖추어야 하고 발전하기 위해 끊임없이 노력해야 한다고 설명한다.

S ▶ **'다른 사람의 감정에 민감함**(Sensitivity to others)'을 의미한다. 다른 사람들을 생각해야 하고, 자신의 말과 행동이 다른 사람에게 어떤 영향을 미치는지 알아야 한다고 설명한다.

S ▶ **'끝까지 매달리기**(Stick to it)'를 의미한다. 절대 중간에 포기하지 않고 어떠한 역경과 고난에 직면해도 끝까지 해내겠다는 결심을 해야 함을 설명한다.

나는 성공(success)이라는 단어를 글자마다 의미를 부여해 설명하면서 원고 없이 60분에서 90분 동안 강연을 진행해 왔다. 청중은 이런 방식을 좋아하면 내가 다음 글자의 의미를 설명해 주기를 기다리기도 한다.

세 글자나 열 글자로 이루어진 단어로도 이 방법을 사용할 수 있다. 당신의 생각을 효과적으로 정리할 수 있고, 원고 없이 강연하면서 청중에게 깊은 인상을 남길 수 있다.

색인 카드 활용하기

단상 위에 올라갈 때 활용하기 좋은 방법은 8x13㎝나 13x20㎝ 크기의 카드에 핵심적인 요점을 적어서 연설할 때 사용하는 것이다. 강의 내용을 전부 적어 넣는 것이 아니라, 핵심적인 문장, 아이디어나 구절을 적어 놓은 다음 강연을 진행하면서 한 장씩 넘기는 것이다.

나는 매우 유능한 강사들이 대규모의 청중 앞에서 몇 장의 색인 카드를 들고 연설하는 모습들을 많이 봐왔다. 이런 방법을 거부하는 청중은 거의 없다. 강사가 이런 방법으로 머릿속의 생각을 일목요연하게 정리해서 이야기해 나간다는 사실을 알기 때문이다. 그리고 이 연설을 위해 강사가 상당한 준비를 했다는 사실도 알게 된다.

소규모 집단 앞에서 연습하기

스피치를 준비하는 방법 중 하나는 큰 규모의 낯선 청중 앞에 서기 전에 작은 규모의 친근한 사람들 앞에서 최대한 많이 발표해 보는 것이다. 얼마

전 나는 한 이사회 회의에 참석했다. 회의가 끝난 후에는 중요한 만찬이 있을 예정이었다. 그런데 그 이사회의 임원 한 명이 갑자기 일어나 특정한 주제에 대해 즉석에서 연설을 하기 시작했다. 연설은 훌륭했기 때문에 모든 임원은 20분 동안 요점을 하나하나 이야기하며 주제를 펼쳐나가는 그의 연설에 귀를 기울였다. 연설이 끝나자 모두들 그의 생각과 아이디어에 깊은 인상을 받았다.

그날 저녁 500여 명이 모인 만찬 자리에서 그는 이사회에서 했던 것과 똑같은 연설을 했다. 나는 그제서야 이사회 자리에서 그가 했던 연설은 대규모의 주요 인사들을 대상으로 준비한 중요한 연설의 최종 리허설이었음을 깨달았다.

산책하며 연습하기

많은 연사는 스피치를 준비할 때 산책을 하면서 연습하는 방법을 선호한다. 걸어가면서 손짓을 하고 표정을 짓고 말하기를 연습한다. 연상 기호 활용법으로 원고 없이 모든 내용을 기억한다. 특정한 부분에서 목소리를 높이거나 많은 청중 앞이라고 가정하고 목소리를 녹여 보기도 한다. 걸으면서 말하기는 매우 효과적으로 스피치를 준비할 수 있는 방법 중 하나다.

필요한 정보를 인터넷에서 검색하라

특정 산업 분야의 사람들을 대상으로 강연을 할 때 당신은 전문가는 아니더라도 최소한 해당 분야의 지식을 잘 알고 있는 사람으로 보여야 한다.

인터넷을 통해 해당 분야에 대한 모든 정보들을 수집한다면 이 문제는 쉽게 해결할 수 있다. 해당 산업의 통계와 동향, 중요한 인물, 중요한 사건 등에 대한 정보를 찾아 보라.

이러한 '내부 정보'를 강연 중간 중간에 이야기한다면 당신을 같은 업종의 동지처럼 인식할 것이다. 같은 회사는 아닐지라도 같은 업계에 종사하는 사람처럼 이야기해야 한다. 사람들은 자신과 같은 일에 종사하면서, 같은 문제점들을 겪고 있는 사람이 진행하는 강연에 많은 감동을 받을 것이다.

중요 인물에 대해 조사하라

반드시 준비해야 할 내용 중 하나가 당신이 강연을 할 조직의 중요한 사람에 대해 알아 보는 것이다. 인터넷에서 중요 인물의 약력을 찾아보라. 어떤 기업에 종사하는 사람이라면 기업 홈페이지에서 그의 약력을 찾아볼 수 있다. 강연 준비 담당자에게 강연을 들을 중요 인사에 대한 정보를 얻을 수도 있다. 나는 중요 인사들의 이름과 이력 사항을 미리 조사한 뒤 강연을 하는 중간에 그들에 대해 언급하기도 한다. 예를 들면 이런 식이다.

"여러분은 랄프 윌슨이 이런 점을 여러 번 강조하는 것을 들어봤을 겁니다. 어떤 역경이 있더라도 포기하지 않고 끝까지 헤쳐나가야 한다는 것 말입니다. 이것은 윌슨의 신념이면서 여러분의 조직이 성공할 수 있는 이유이기도 합니다."

지금까지 이러한 나의 강연에 대해 반박하는 사람은 아무도 없었다. 긍정적인 말과 생각, 아이디어를 강연을 듣는 중요 인사의 것처럼 이야기 한다면 그들은 예외 없이 우쭐해하고 기분이 좋아지고 당신을 은인으로 생각한다.

요약

사람들은 나에게 효과적인 대중 연설의 비결이 무엇이냐고 묻곤 한다. 나는 늘 준비가 성공의 시작이라고 이야기한다. 성공적인 말하기의 90%는 얼마나 철저하게 준비하느냐에 달려 있다. 연설을 시작하고 몇 분 지나지 않아 사람들은 당신이 얼마나 잘 준비했는지 알아차릴 것이다. 그리고 당신을 높게 또는 낮게 평가할 것이다. 연설을 시작하는 그 순간부터 사람들의 마음을 장악하기 위해서는 준비하고 또 준비해야 한다.

분명한 점은 철저히 계획하고 준비한다면 당신은 충분한 자신감을 가지고 무대에 설 수 있다는 것이다. 연습하고 또 연습한 뒤에 대중 앞에 선다면 당신은 강한 자신감과 평정심을 느끼면서 연설할 수 있을 것이다.

Chapter 3

자신감과 마음 다스리기
대중 연설에 대한 두려움을 제거하기

> 자신감과 신념을 가지고 긍정적으로 대담하게 생각하라.
> 그러면 당신은 더 안정적이고 활동적인 삶을 누리며
> 다양한 경험과 성취로 충만해질 것이다.
>
> - 에디 리켄배커(Eddie Rickenbacker)

말하기를 할 때는 자신감을 가지고 자신에 대해 긍정적이고 편안한 마음으로 해야 한다. 가족들과의 크리스마스 파티에 있는 것처럼 그 자리에 선 것에 대해 즐거운 마음을 가져야 한다.

어떻게 하면 이렇게 침착하게 확신과 자신감을 가지고 대중 앞에 설 수 있을까? 우선 무대 공포증은 지극히 일반적이고 자연스러운 감정이라는 사실을 깨달아야 한다. 수천 번의 강연을 한 전문적인 강사들도 무대에 오르기 전에는 매번 지독한 공포를 느낀다고 한다.

『모든 것의 리스트(The Book of Lists)』라는 책에 따르면 성인 가운데 54%가 죽음의 공포보다 대중 앞에서 말하기에 대한 공포를 더 심하게 느낀다고 대답했다. 따라서 당신이 사람들 앞에서 말하기에 대해 불안해하고 두려워하는 것은 잘못된 것이 아니다. 당신의 목표는 그러한 불안감을 떨쳐 버리고 당당하게 스피치를 해내는 것이다.

모든 두려움은 학습된 것이다

다행인 것은 모든 사람은 원래는 두려움이 없는 상태로 태어난다는 사실이다. 성인이 가지고 있는 모든 두려움은 어린 시절의 경험과 타인으로부터 혹은 자기 스스로 쌓아온 부정적 생각이나 경험들로 인해 만들어진 것이다. 사람들 앞에서 말하기에 대한 공포를 포함한 모든 공포는 후천적으로 학습된 것이다. 그러므로 공포에서 벗어나는 것 또한 가능하다.

성인이 가지고 있는 두려움의 주요 원인은 어린 시절에 들었던 부정적인 비판이다. 부모가 무슨 이유에서든 아이를 비판하면 아이는 실패와 거부당하는 것에 대한 두려움을 갖게 된다. 비판이나 거절당하는 것에 대한 두려움은 커가면서 다른 사람의 의견에 대한 과민 반응으로 발전한다. 심리학자들은 성인이 갖는 대부분의 정신적·정서적 문제는 어린 시절에 경험한 '보류된 사랑'에서 비롯된다고 말한다. 이는 부모가 아이를 조종하거나 통제하기 위해 사랑을 주거나 보류함으로써 아이의 행동에 영향을 미치는 것을 가리킨다. 그 결과 아이는 '엄마나 아빠가 원하는 일을 할 때에만 나는 안전해. 엄마 아빠가 허락하지 않는 행위를 할 때는 안전하지 않아'라고 생각하게 된다.

예민한 아이가 과민한 성인이 된다

어릴 때 부정적인 비판이나 보류된 사랑을 받았던 아이는 자기에 대한 다른 사람들의 의견이나 태도에 지나치게 관심을 가지는 성인으로 자란다. 극단적인 경우에는 자기 인생의 중요한 사람들이 동의했다는 확신이 들기 전까지는 두려움 때문에 아무것도 결정하지 못하기도 한다.

많은 사람이 다른 사람들 앞에 서서 스피치를 한다는 생각만으로도 엄청난 공포에 휩싸이기도 한다. 이것은 다섯 살 이전에 주입된 실패와 거부에 대한 두려움이 겉으로 드러난 것이다. 하지만 이런 감정은 자신감과 침착함, 능력과 확신으로 대체될 수 있다.

오늘 날 최고 수준의 강사들 중 많은 이가 사람들 앞에서 이야기한다는 생각만으로도 긴장되어 벌벌 떨었던 경험을 가지고 있다. 심지어 직원 회의에서 이야기하는 일조차도 두려워했다. 지금은 수천 명의 청중 앞에서도 자신 있게 연설을 하는 내 친구들 중 한 명은 처음 사람들 앞에서 연설을 할 때 바지를 적셔 무대 밖으로 뛰어 나가야 했던 경험도 있다.

명확한 메시지를 가져라

사람들 앞에서 자신감 있게 말하기 위해서는 당신이 사람들에게 진정으로 전하고 싶은 메시지를 가지고 있어야 한다. 이것은 매우 중요하다. 누군가 내게 뛰어난 강사가 되고 싶다고 말한다면 나는 가장 먼저 이렇게 묻는다.

"그렇게 되고 싶은 이유가 무엇입니까?"

다른 사람들에게 반드시 전하고 싶은 당신이 가지고 있는 메시지는 무엇인가?

안타깝게도 많은 경우 사람들은 성공하거나, 돈을 많이 벌거나, 사람들로부터 칭찬과 찬사를 받기 위해 뛰어난 말하기 기술을 익히고 싶어 한다. 자신이 전하고자 하는 주제에 대해서는 별로, 혹은 전혀 중요하게 생각하지 않는다. 내 경험에 따르면 이런 사람들은 평범한 수준에서 거의 벗어나지 못한다. 하지만 다른 이들에게 강력하게 전달하고자 하는 주제가 있다면 자신을 효과적으로 표현할 수 있는 방법을 찾게 될 것이다.

진심을 담아 말하라

몇 년 전 나는 페이머스 에이머스 쿠키스(Famous Amos Cookies)의 설립자인 월리 에이머스(Wally Amos)가 성인 문맹 퇴치를 주제로 진행한 강의를 들은 적이 있었다. 그는 실제로 상당한 시간과 비용을 투자해 문맹인 성인이 글을 읽을 수 있도록 돕고 있었다. 600명의 청중 앞에서 그는 진심을 담아 자신의 이야기를 풀어나갔다. 그는 강사가 되기 위해 특별한 훈련을 받은 경험도 없었지만 자신의 생각과 아이디어를 논리적으로 순서에 맞게 잘 구성해 나갔다. 그는 읽는 법을 배우는 것이 얼마나 중요한지, 그리고 그로 인해 인생이 어떻게 바뀔 수 있는지 진심을 담아 이야기했다.

강연이 끝났을 때 그 자리에 있었던 사람들은 모두 그에게 기립 박수를 보냈다. 그는 자신이 이해하고 관심을 가지고 있는 주제에 대해 마음에서 우러나오는 메시지를 전한 것이다.

청중은 당신 편이다

　사람들 앞에서 이야기하기에 대한 두려움과 긴장감을 극복하는 출발점은 당신 앞에 앉아 있는 사람들은 모두 당신의 스피치가 성공적으로 끝나기를 바란다는 사실을 아는 것이다. 이것은 영화를 보러 가는 것과 같다. 영화관에 가면서 자신이 볼 영화가 형편없어서 시간 낭비하기를 바라는 사람은 한 사람도 없을 것이다. 누구나 영화를 보러 갈 때는 돈과 시간이 투자되는 그 영화가 재미있고 멋있는 내용을 보여줄 것을 기대한다. 스피치도 마찬가지다. 청중은 당신을 지지하고 응원한다. 당신의 시상식에 온 것처럼 당신이 성공하기를 바란다. 당신에게 박수를 보내기 위해 그 자리에 앉아 있는 것이다. 당신의 성공이 성공적으로 유쾌하게 끝나기를 간절히 바라고 있다.

　다시 말해 당신이 일어나서 말을 시작하는 것만으로도 당신의 점수는 이미 A다. 즉 최고 점수를 받은 상태로 시작하는 것이다. 당신은 이야기를 해 나가면서 그 A를 유지하기만 하면 된다. 사람들 앞에 서서 말하기를 꾸준히 반복해서 하다 보면 마침내는 모든 두려움과 공포를 떨쳐버릴 수 있다. 자신감을 얻는 데 반복적인 연습보다 효과적인 방법은 없다.

자신감과 언어 능력을 키우는 법

스피치를 할 때 느끼는 두려움과 공포를 극복하는 데 몇 가지 방법을 활용할 수 있다. 세계적으로 유명한 연사들도 이 방법을 꾸준히 사용한다.

말로 표현하기

당신이 느끼는 감정의 95%는 당신이 스스로 하는 말에 의해 결정된다. 즉, 자기 자신과 나누는 대화가 당신의 생각과 감정, 행동을 크게 좌우한다는 뜻이다. 그리고 당신의 의식을 통해 나오는 말을 완벽하게 제어할 수 있는 사람은 바로 당신 자신이다.

스피치나 어떤 행사를 위한 마음의 준비를 할 때 가장 강력한 힘을 발휘하는 말은 '나는 내가 좋아!' 이다. 사람들 앞에 서기 전에 이 말을 반복해 보라. '나는 내가 좋아! 나는 내가 좋아! 나는 내가 좋아!' 이 말은 당신의 자존감을 높이고 두려움을 없애는 데 놀라운 효과를 발휘한다. 자기 자신을 더 많이 좋아할수록 자신감은 더 커지고, 더 편안해지고, 당신이 말하는 상대방에 대해서도 긍정적으로 생각하게 된다. 또한 자기 자신을 더 많이 좋아할수록 말하기를 더 훌륭하게 해낼 수 있다.

어떤 이유로든 초조함이나 두려움을 느낄 때 '난 할 수 있어! 난 할 수 있어! 난 할 수 있어' 라는 말을 반복하면 두려움을 가라앉힐 수 있다. '난 할 수 없어' 라는 말 속에는 실패와 거부에 대한 두려움이 담겨 있다. '난 할 수 있어!' 라고 말함으로써 부정적인 메시지를 지우고 두려움을 상쇄할 수 있다. 한번 시도해 보라. 훨씬 좋은 기분으로 자신감 있게 스피치를 해

나갈 수 있다는 사실에 깜짝 놀랄 것이다.

시각화하기

머릿속의 그림을 향상시키면 그에 따라 실제 외부적인 성취도도 향상된다. 당신이 자신 있게, 긍정적이고 신나게 스피치를 하는 모습을 마음속으로 상상한다면, 당신의 잠재의식은 이것을 명령으로 받아들여 그러한 그림과 일치하는 언어, 감정, 몸짓을 취하게 한다.

당신이 차분하고 자신감 있고 여유 있는 모습으로 웃으면서 청중 앞에서 스피치하는 모습을 그려 봐야 한다. 청중이 당신에게 집중하며 박장대소하고, 즐거워하면서 아주 똑똑하고 재미있는 강사를 대하듯이 당신이 하는 말들에 귀를 기울이는 모습을 그려 보라. 누구나 활용할 수 있는 시각화 기법에는 두 가지가 있다.

1) 외적 시각화와 내적 시각화

외적 시각화는 스스로 제 3자가 되거나 청중 가운데 한 명이 되어 무대에 선 자신의 모습을 상상해 보는 것이다. 침착하고 자신 있게, 여유 있고 유창하게 주제를 말하는 자신의 모습을 청중의 눈으로 바라보는 것이다. 내적 시각화는 당신의 눈으로 당신 자신뿐 아니라 청중의 모습까지 그려보는 것이다. 청중이 당신의 스피치에 긍정적으로 반응한다고 상상해 보라.

외부에서 자신을 바라보는 시선과 내부에서 자신을 바라보는 시선으로 번갈아 가며 자신을 바라보자. 이렇게 하면 당신이 최고의 실력으로 스피치하는 모습이 당신의 잠재의식에 새겨진다. 그러면 잠재의식은 그 그림과 일치하는 생각과 감정을 당신에게 보냄으로써 실제 행동을 유도한다.

2) 잠재의식에 새겨 넣기
자신감과 침착함을 기르는 또 다른 방법은 잠자기 전에 자신이 스피치를 아주 훌륭하게 해내는 모습을 마음 속에 그려보는 것이다. 잠들기 몇 분 전과 잠에서 깬 직후 몇 분 동안은 잠재의식을 새로 구성하기에 가장 효과적인 시간이다. 잠들기 전에 사람들 앞에서 멋지게 연설하는 자신의 이미지를 그려보자. 그 이미지는 잠재의식 속에 스며들어 당신이 잠자는 사이 내면 깊은 곳에서 당신에게 영향을 미친다. 이렇게 상상해서 그림을 그리는 연습을 반복할수록 실제 상황에서 훨씬 자신감 있고 침착하게 스피치를 할 수 있다. 머릿속에서 예행 연습을 하는 이 방법은 매우 효과적이다.

감정 연습하기

당신이 이미 성공한 유명 강사라면 성공의 감정을 느낄 수 있다. 다시 말해 스피치를 하기 전에 당신 안에 있는 성공의 느낌을 떠올리면서 행복, 기쁨, 자긍심, 흥분, 자신감 등의 감정을 만들어 낼 수 있다는 것이다. 방금 전 훌륭하게 연설을 마친 당신에게 모든 청중이 기립 박수를 보내며 웃는 얼굴로 환호하는 장면을 상상해 보자. 그리고 훌륭하게 스피치를 끝낸 자신에 대해 느낄 만족감을 상상해 보자.

스피치를 성공적으로 마쳤을 때의 감정들을 상상을 통해 정확히 실제처럼 만들어 낼 수 있다. 그런 감정들을 만들어 내면서 동시에 "나는 언제나 훌륭하게 해낼 수 있어"라고 이야기해 보자. 성공의 감정과 스스로 유창하게 스피치를 하는 뛰어난 강사로서의 이미지를 결합해 보자.

유명한 심리학자이자 철학자인 윌리엄 제임스(William James)는 "어떤 감정을 느낄 수 있는 가장 좋은 방법은 이미 그 감정을 느끼는 것처럼 행동하는 것이다"라고 말했다. 사람의 행동은 감정보다는 의지의 지배를 더 많이 받는다. 당신이 이미 어떤 감정을 느끼는 것처럼 행동한다면, 실제로 그 감정이 느껴지기 시작한다.

효과적인 감정 연습하기 기법 중 하나가 '영화의 결말 미리 보기' 기법이다. 영화를 보기 위해 영화관에 갔다고 상상해 보자. 당신은 좀 일찍 도착해서 당신이 보러 온 영화의 앞 회 상영이 아직 끝나지 않았다. 그럼에도 불구하고 당신은 상영관으로 들어가 영화의 마지막 10분을 관람한다. 영화의 결말과 등장 인물들의 이야기가 행복하게 끝나는 장면을 보는 것이다.

영화가 끝나면 당신은 밖으로 나가 잠시 기다렸다가 다음 회가 시작하면 상영관으로 들어가 처음부터 다시 영화를 본다. 이때 당신은 영화의 결말을 미리 알고 있다. 우여곡절의 스토리 끝에 결국 모든 문제는 해결되고 영화는 해피 엔딩으로 마무리될 것이라는 사실을 알고 있다. 결말을 알고 있기 때문에 스토리가 진행되는 동안 훨씬 편안한 마음으로 영화를 볼 수 있다. 어차피 결말을 알기 때문에 스토리의 굴곡에 동요되지 않고 다양한 장면들을 즐길 수 있다.

이처럼 스피치를 하기 전에도 '영화의 결말 미리 보기' 기법을 활용할 수 있다. 당신은 이미 연설을 마쳤고 감동을 받은 사람들은 웃으면서 박수 갈채를 보낸다고 상상해 보라. 당신은 훌륭하게 연설을 해냈다. 당신은 행복하고 자랑스럽고 기쁘다. 청중석에 앉아 있는 당신의 친구들은 감동과 기쁨에 찬 얼굴로 박수 갈채를 보내고 있다. 스피치를 시작하기도 전에 결과를 상상하는 것이다.

연설을 하기 전에 이 기법을 반복해서 연습해 보라. 상상했던 그대로 실제 연설이 끝나는 상황을 보면서 깜짝 놀랄 것이다.

상상을 현실로 만들기

중요한 사실이 하나 있다. 사람의 잠재의식은 실제 일어났던 사건과 당신이 머릿속으로 실체처럼 생생하게 상상한 사건을 구별하지 못한다. 예를 들어 당신이 어떤 성공을 경험했다면 당신의 잠재의식은 그것을 하나의 성공 경험으로 기록한다. 그리고 이런 성공 경험은 당신이 다음에 비슷한 경험을 할 때, 특히 스피치의 경우 더욱 큰 자신감을 갖게 한다.

그런데 만약 우리가 어떤 성공의 경험을 시각화하고, 그때의 감정을 연습하고, 머릿속으로 상상만 한다면, 실제로 그런 경험을 하지 않더라도 우리의 잠재의식은 자신이 실제로 현실에서 그런 경험을 한다고 인식한다. 따라서 머릿속에서 스피치를 잘하는 경험을 10번 혹은 20번 혹은 50번 되풀이해서 시각화한다면, 잠재의식은 실제로 10번, 20번 혹은 50번의 성공적인 스피치를 한 것으로 기록한다. 만족한 얼굴로 박수를 보내는 청중의 모습도 함께 기록되는 것이다.

이렇게 머릿속으로 성공을 경험하는 것을 반복적으로 연습하면, 잠재의식은 마침내 자신이 연설을 매우 잘한다고 확신하게 되고, 우리는 자연스럽게 능숙한 강사처럼 확신과 자신감을 가지고 스피치를 하게 된다.

이처럼 말로 표현하기, 시각화하기, 감정 연습하기의 세 가지 방법을 함께 활용하면 당신의 잠재의식에 성공을 새겨 넣을 수 있고, 사람들 앞에서 성공적으로 이야기하는 자신을 만들어갈 수 있다.

스피치 전 자신감 고취시키기

스피치의 정신적 준비는 실제 사람들 앞에 서기 한참 전에 미리 할 수 있다. 하지만 스피치를 하기 직전에 마음을 가라앉힐 수 있는 몇 가지 방법도 있다.

장소를 점검하라

스피치를 할 때는 일찍 도착해서 장소를 꼼꼼하게 점검하라. 무대에 올라가 연단 앞에 서보자. 여기 저기 걸어보면서 듣는 사람의 입장에서 당신이 어디에 서는 것이 좋은지 확인해 보라. 일찍 도착한 사람들과 이야기를 나누면서 어디에서 왔는지 어떤 일을 하는지 물어본다. 그들의 이름을 물어보고 당신의 이름도 알려준다. 스피치를 하기 전에 여러 청중과 이렇게 이야기를 나누면 훨씬 마음이 편안해지고 긴장을 풀 수 있다. 마치 친구들과 함께 있는 것처럼 느끼게 되는 것이다.

단상에 올라가서는 먼저 대화를 나누었던 사람들을 찾아본다. 그리고 오래된 친구와 일대일로 대화를 나누는 것처럼 그들을 향해 미소를 짓는다. 이렇게 하면 차분하고 편안한 마음으로 스피치를 진행할 수 있다.

심호흡을 하라

스피치를 하기 직전, 몇 번의 깊은 심호흡을 하면 마음을 편안하게 가라앉히는 데 도움이 된다. 가장 효과적인 심호흡은 '7x7x7' 호흡법이다. 천천히 일곱을 세면서 가능한 한 깊게 숨을 들이마신다. 그리고 일곱을 세면서 숨을 참았다가 일곱을 세면서 천천히 숨을 내쉰다. 이렇게 천천히 숨을 들이쉬고 멈추었다가 숨을 내쉬는 것을 일곱 번 반복한다. 깊게 숨을 들이쉬었다가 참고 있을 때 당신의 두뇌는 잠시 동안 알파 상태로 진입한다. 뇌 속에서 알파 파가 분비될 때 생각은 명료해지고 긴장이 해소되어 스피치를 잘 이끌어 나갈 수 있는 상태가 된다.

자기 자신을 독려하라

청중 앞에 서기 전에 자기 자신에게 이렇게 말하라.

"내 연설은 훌륭해! 빨리 연설을 하고 싶어! 아주 멋진 연설이 될 거야! 나는 내가 좋아, 나는 내가 좋아!"

마치 방 건너편에 있는 누군가에게 이런 당신의 마음을 전하려는 것처럼 감정을 실어 말을 하라. 마음을 다해 스스로를 격려할수록 당신의 잠재의식에 그리고 당신의 행동에 더욱 더 강력하게 긍정적인 영향을 미치게 될 것이다.

발가락을 꼼지락거려라

자신감을 높이고 두려움을 없애는 방법 중 하나는 스피치를 하러 나가기 전에 발가락을 꼼지락거리는 것이다. 사람들은 만족감이나 행복한 기분을 느낄 때 발을 꼼지락거린다. 특히 어린 아이들이 그렇다. 스피치를 하기 전에 발가락을 꼼지락거리면 더욱 긍정적이고 적극적인 기분이 든다. 기분이 좋아지고 저절로 미소가 지어진다. 감정이 행동을 만들어내는 것처럼 행동이 감정을 유발한다는 사실을 기억하라.

어깨를 돌려라

보통 스피치를 하기 전에는 긴장으로 허리와 어깨가 집중적으로 뭉쳐 있기 때문에 어깨를 앞뒤로 돌리면서 긴장을 풀 수 있다. 손에 묻은 물기를 터는 것처럼 손을 흔들어 주는 행동도 긴장과 스트레스를 완화해 준다. 깊게 심호흡하기, 어깨 돌리기, 손 흔들기, 발가락 꼼지락거리기를 모두 하고 나면 안정되고 편안하게 스피치를 할 수 있는 마음 상태가 된다.

똑바로 서라

스피치를 할 때는 머리를 들고 앞을 보고 서라. 천장에서 머리 위까지 곧게 연결된 선이 있다고 상상하라. 그 줄이 머리를 당겨서 똑바로 서 있다고 생각하면 자신감과 힘이 넘치는 자세를 유지할 수 있다.

듣는 이들에 대해 생각하라

자신이 듣는 이들보다 정신적으로 우위를 차지하는 위치에 있다고 생각할 수 있는 방법을 찾아라. 예를 들어 그들이 당신에게 빚을 진 사람들이라고 상상해 보자. 그들은 모두 당신에게 돈을 갚을 기한을 연장해 달라고 부탁하기 위해 온 것이다. 또는 듣는 이들이 모두 속옷만 입고 앉아 있다고 상상해 보자. 이런 상상을 하다 보면 당신은 저절로 미소 짓게 되고 긴장감이 완화된 상태에서 스피치를 훨씬 효과적으로 이어나갈 수 있을 것이다. 이런 식으로 청중에 대해 생각하면 사람들 앞에서 이야기하는 것이 훨씬 수월하게 느껴진다.

감사하라

자신감을 고취시킬 수 있는 가장 좋은 방법은 사람들 앞에서 이야기할 수 있는 기회를 갖게 된 것에 대해 감사하는 것이다. 스스로에게 이렇게 말하라.

"이 사람들 앞에서 연설을 할 수 있는 기회를 얻게 되어 감사합니다. 감사합니다! 감사합니다! 감사합니다!"

청중을 당신이 정말 좋아하는 사람들이라고 상상해 보자. 그리고 스스로 "나는 이 사람들이 좋아! 정말 좋아! 정말 좋아!"라고 반복해서 말해 보자. 전문 연사들은 '연단에 서는 특권'이라는 말을 자주 한다. 사람들 앞에 설 때는 당신의 생각을 사람들과 나눌 수 있는, 굉장한 특권을 가졌다는 사실을 명심하라. 연설을 할 수 있는 기회에 감사하는 마음을 가지면 훨씬 긍정적이고 열정적인 자세로 스피치를 해나갈 수 있다. 듣는 사람들을 친구라고 생각하고 진심으로 좋아하는 마음을 가질수록 당신의 자신감도 더 커질 것이다.

주인공은 당신이 아니다

마지막으로 스피치의 중심은 당신이 아니라는 사실을 명심하라. 중요한 것은 그 자리에 앉아 있는 사람들이다. 당신이 중심이라는 생각과 사람들이 당신을 어떻게 생각할 것인지에 대한 염려에서 벗어나서, 듣는 사람들의 생각과 감정에 집중하고 오로지 그들에 대한 것만 생각하라.

전미연설가협회(National Speakers Association)의 설립자이자 내 친구인 카벳 로버트(Cavett Robert)는 젊었을 때는 거침없이 무대로 돌진해 '내가 왔도다!' 라는 태도로 강연을 하기도 했다고 고백했다. 그는 자신의 자세를 180도 바꾸었을 때부터 사람들로부터 인정받는 훌륭한 강사가 되었다고 말했다. '내가 왔도다!' 가 아니라 '우와, 여러분 오셨군요' 라는 느낌으로 무대에 서기 시작한 것이다.

자리를 매운 사람들을 훌륭하고 특출하고 따뜻하고 매력적이고 재미있는 사람들로 바라보기 시작할 때, 당신도 '우와, 여러분 오셨군요' 라는 자세를 가지게 되고, 연설에 대한 두려움은 사라질 것이다. 당신은 차분하고 자신감 있고 따뜻하고 호의적이고 긍정적인 사람이 될 것이다. 그리고 훌륭한 강사가 될 수 있을 것이다.

요약

몸의 근육을 단련하는 것처럼 마음의 근육도 꾸준한 훈련과 연습으로 얼마든지 단련할 수 있다. 여기에 소개된 방법과 기법들을 통해 마음을 다스릴 수 있게 된다면 당신은 언제든지 편안하고 자신 있게 평정심을 유지하며 스피치를 할 수 있게 될 것이다.

Chapter 4

초반에 청중을 사로잡아라

> 어떤 일이든 시작이 가장 중요하다.
> 특히 이제 막 시작된 미약한 일의 경우에는 더욱 그러하다.
> 그 시기에 일의 성격이 형성되고 바랐던 인상이 쉽게 부여되기 때문이다.
>
> - 플라톤(Plato)

'첫인상은 영원하다. 다시 말해 좋은 첫인상을 만들 수 있는 두 번째 기회는 오지 않는다'는 말이 있다. '시작이 반이다'라는 말도 비슷한 의미를 갖는다.

연설을 시작할 때 청중에게 좋은 첫인상을 심어주는 일에 모든 노력을 집중해야 한다. 좋은 첫인상은 청중의 마음을 열어 당신의 이야기에 귀를 기울이고 당신의 주장을 받아들이게 한다.

소개하기

당신이 강연이나 연설을 하기에 앞서 누군가가 당신을 소개한다면, 그 소개가 처음 분위기를 주도하는 역할을 한다. 소개의 목적은 청중의 기대감을 불러일으키는 것이다. 뿐만 아니라 청중이 정신적으로 감정적으로 당신의 이야기에 몰입하도록 이끄는 역할을 한다. 따라서 소개하는 내용에 대해서는 미리 사회자와 면밀하게 계획해야 한다.

좋은 소개는 먼저 당신의 업적을 이야기함으로써 분위기를 집중시키는 것이다. 그리고 나서 강연의 주제를 언급한다. 당신의 이름은 맨 마지막에 소개하는 것이 좋다. 연설의 주제나 길이에 따라 소개하는 멘트는 간단하게 할 수도 있고 길어질 수도 있다. 간단한 소개는 다음과 같다

"오늘 모신 강사는 22개의 사업을 운영하며 8개 기업에서 백만 달러 이상의 수익을 만들어내는, 성공한 비즈니스맨입니다. 그가 우리에게 들려줄 강의 제목은 '진정한 노력으로 비즈니스에서 성공하기' 입니다. 여러분, 모두 박수로써 브라이언 트레이시 씨를 맞이해 주시기 바랍니다."

좀 더 긴 소개에서는 특히 강연 주제와 관련된 강사의 경력과 업적에 대해 자세히 소개한다. 이때 강사에 대한 기대 수준과 신뢰도를 높이는 데 초점을 맞추어 청중으로 하여금 빨리 강연을 듣고 싶다는 생각을 갖도록 만들어야 한다.

소개가 끝난 뒤

소개가 끝난 뒤부터 연설이 시작되기까지 해야 할 일이 여러 가지 있다. 따라서 연단에 오르기까지 다음의 다섯 가지를 반드시 기억해야 한다. 이

다섯 가지는 당신이 청중에게 긍정적인 인상을 심어주고 연설을 할 때 적절한 톤은 유지하는 데 도움을 줄 것이다.

자신 있게 나가라

소개를 받고 연단으로 올라가면 사회자와 악수를 나누라. 적절한 분위기라면 포옹을 나누는 것도 좋다. 사회자가 무대에서 내려가면 청중을 향해 서라. 청중이 당신에게 주의를 집중할 때까지 조용히 바라보라. 그리고 청중을 만나게 되어 매우 기쁘다는 표정으로 미소를 지으며 잠시 동안 천천히 좌중을 둘러보라.

당신이 미소를 지으며 조용히 서 있으면 좌중은 순식간에 조용해지면서 당신의 이야기에 귀를 기울일 준비를 할 것이다. 긴장감이 감돌고 모두가 조용한 가운데 강하고 명료하고 우호적이고 재미있고 주의를 사로잡을 수 있는 오프닝 멘트로 말문을 열어라. 이때 서두는 본론으로 매끄럽게 이어지고 결론과도 연결되는 것으로 준비해야 한다.

알맞은 옷차림을 하라

옷차림이나 치장이 청중의 주의를 흩뜨리거나 당신의 메시지를 전달하는 것을 방해해서는 안 된다. 사람들은 당신이 등장하고 30초 안에 당신에 대해 판단한다. 그렇기 때문에 이미지, 옷차림, 치장, 자세는 굉장히 중요 하다.

당신의 겉모습을 통해 청중은 당신이 어떻게 생각하고 느끼는지를 판단할 수 있다. 외모는 그 사람의 자아상을 드러낸 것이기 때문이다. 또한 청중은 당신의 외모를 통해 당신이 자신들에 대해 어떻게 생각하는지도 알 수 있다. 외모는 강연에 도움이 되거나 아니면 망치거나 둘 중 하나다.

많은 강사가 방금 전까지 정원 일을 하다 온 것처럼 편한 복장으로 청중 앞에 서는 것을 '멋지다'고 생각한다. 그러나 그런 옷차림은 강사가 자기 자신은 물론 청중도 존중하지 않고 있음을 드러낼 뿐이다. 이런 인상은 강사의 연설 내용에 대한 청중의 기대 가치를 떨어뜨린다.

내 고객들은 미국 남부나 서부에 위치한 아름다운 리조트에서 연례 미팅을 여는 경우가 많다. 그들은 "모두 컨트리클럽 스타일로 입을 것입니다"라고 말하면서 나 역시 편한 복장으로 오라고 말한다. 나는 절대로 그렇게 하지 않는다. 강사는 항상 청중과 동등한 수준으로 입거나 그보다 더 신경 써서 입어야 한다. 당신은 항상 '프로'처럼 보여야 한다.

내 친구인 젊고 유능한 한 강사의 이야기다. 어려운 환경에서 자란 그는 때와 상황에 적절한 옷과 장신구를 선택하는 일에 대해서는 잘 몰랐다. 어느 날 그는 크리스마스 선물로 커다란 금반지를 받았다. 그는 그 금반지를 새끼손가락에 끼고 강연하는 내내 손을 이리저리 흔들었다. 그것이 매력적이라고 생각한 것이다.

하루는 강연이 끝난 뒤 주최자가 그에게 와서 이렇게 말했다.

"당신은 참 좋은 사람입니다. 강연 내용도 훌륭했어요. 그런데 그 금반지를 끼고 있으면 꼭 길거리의 포주처럼 보여요."

그는 자신이 사람들에게 그런 인상을 주는 줄은 꿈에도 몰랐다. 그는 반지를 뺐었고 그 후 다시는 끼지 않았다.

긍정적인 기대감을 형성하라

가장 먼저 할 일은 청중의 기대감을 높이는 것이다. 청중이 그 자리에 오기를 잘했다고 생각하게 만들어야 한다. 당신의 이야기를 열린 마음으로 받아들이고 더 많은 이야기를 듣고 싶어하게 만들어야 한다.

청중은 당신의 강연이 성공하기를 바란다는 사실을 기억하라. 그들은 이미 당신 편이다. 그들은 당신의 강연이 훌륭하기를 진심으로 바란다. 당신은 서두에서 이러한 기대감을 확실하게 충족시켜줘야 한다.

청중이 초반부터 당신을 좋아하게 만드는 것은 중요하다. 당신에게 호감을 더 많이 가질수록 청중은 당신이 전달하는 메시지를 더 쉽게 받아들인다. 그리고 당신이 제시하는 요지나 아이디어가 논쟁의 여지가 있을지라도 그에 대한 반감을 덜 갖게 된다.

리더가 되어라

당신은 연단에 서는 순간부터 리더가 된다. 그 자리에 앉아 있는 사람들은 당신이 강연장의 모든 상황을 책임지고 통제하기를 원한다. 강연장의 주인은 당신이고 청중은 모두 당신의 직원인 것처럼 행동하라.

소개를 받으면 연단으로 똑바로 걸어가라. 자신 있게 어깨를 펴고, 미소를 짓고, 눈을 크게 뜨고, 고개를 들고 걸어가라. 힘 있고 결의 넘치는 자세로 씩씩하고 빈틈 없는 모습을 보여야 한다.

강연을 시작하면 청중 가운데 한 사람에게 시선을 집중하라. 그에게 직접 그리고 다정하게 이야기하는 것으로 시작하라. 그리고 자연스럽게 다른 사람을 향해 시선을 옮기고, 또 다른 사람으로 옮기면서 이야기를 하라. 이렇게 듣는 사람들 한 명 한 명과 직접 눈을 마주치며 이야기하면 마음이 안정되고 긴장이 가라앉고 청중과의 관계를 발전시켜 나가는 데 도움이 된다.

진실하고 겸손한 사람이 되어라

사람들에게 호감을 얻는 최고의 방법은 진실함과 겸손함이다. 진심으로 솔직하게 대했을 때 사람들은 그를 진실한 사람으로 여긴다. 청중이 당신에게 보이는 긍정적인 관심에 약간은 당황스러워하거나 압도된 것처럼 보여도 괜찮다. 활짝 웃으면서 따뜻한 눈으로 청중을 바라보라. 모두 다 안다는 듯한 태도나 청중보다 자신이 우월하다는 듯한 행동은 금물이다. 행동과 태도에서 겸손함이 저절로 묻어나야 한다. 때때로 나는 사회자로부터 나를 극찬하는 소개를 받으면 사회자를 향해 돌아서서 이렇게 말한다. "감사합니다. 제 아내가 적어 놓은 그대로 잘 읽어주셨네요. 하지만 저는 아직 아이들을 잠자리에 들게 하는 일조차도 잘 못한답니다."

강연을 본격적으로 시작하는 방법

이제 강연장의 모든 시선이 당신을 향해 있다. 당신은 어떤 방법으로 강연을 시작할 것인가? 강연을 시작하는 여러 가지 효과적인 방법들이 있다. 다음에 소개된 이 방법들은 단번에 청중을 사로잡아 강연 내내 당신에게 집중하게 만들 수 있다.

주최자에게 감사함을 표하라

그 자리에 참석한 청중과 당신을 초대해 준 주최 측에 감사 인사를 하는 것으로 시작한다. 소개해 준 사회자나 청중석에 앉은 주최 측의 고위 관계자를 언급하며 감사를 표한다. 이렇게 하면 주최 측 사람들은 당신을 초대한 것에 대해 뿌듯해하고 만족해할 것이다. 동시에 자연스럽게 이야기를 시작할 수 있게 된다.

긍정적인 말로 시작하라

청중이 당신이 할 강연의 내용을 얼마나 좋아하게 될지를 이야기하라. 이렇게 긍정적인 말로 시작하면 청중의 기대감은 커질 것이다. 예를 들면 다음과 같이 말할 수 있다.

"오늘 저녁 여러분과 저는 정말 즐거운 시간을 갖게 될 것입니다. 저는 지금까지 이 분야에서 발견된, 매우 중요한 아이디어 몇 가지를 여러분에게 이야기하려고 합니다."

청중을 칭찬하라

진심으로 청중을 칭찬하고 그들에 대한 존경심을 표현하는 것으로 시작하라. 마치 옛 친구를 아주 오랜만에 만난 것처럼 그들을 만나서 정말 기쁘다는 듯이 밝은 미소를 짓는다. 해당 업계의 중요한 사람들이 모인 자리에 서게 되어 영광이며 그들에게 필요한 내용들을 강연을 통해 전할 수 있게 되어 기쁘다고 말한다. 이를테면 다음과 같이 말할 수 있다.

"오늘 이렇게 여러분을 만나게 되어 영광입니다. 여러분은 이 업계의 엘리트이고 상위 10% 안에 드는, 중요한 분들입니다. 어떤 분야에서든 최고의 실력자들만이 이 같은 행사에 기꺼이 시간을 내어 참석할 수 있죠."

자신에 대해 진지하게 생각하게 하는 말을 하라

기업가들이나 네트워크 마케팅 단체를 대상으로 강연할 때 나는 대체로 이런 말로 시작한다.

"저를 이 자리에 초대해 주셔서 감사합니다. 오늘 저는 자수성가한 백만장자들 앞에서 강연하게 될 것이라고 전해 들었는데요."

그리고 말없이 서서 미소를 지으며 좌중을 둘러본다. 내가 한 말이 청중의 마음속으로 충분히 스며들기까지 기다리는 것이다. 그리고 나서 말을 잇는다.

"여기 계신 분들은 모두 자수성가한 백만장자이거나 앞으로 그렇게 될 분들이라고 들었습니다. 제 말이 맞습니까?"

그러면 청중은 언제나 "네!"라고 한 목소리로 크게 대답한다. 모두 웃으면서 자신의 목표는 백만장자가 되는 것이라는 사실에 동의한다. 이런 종류의 오프닝은 청중으로 하여금 자발적으로 강연에 집중하게 하는 효과를 가져온다.

시사 문제를 언급하라

강연의 주제로 자연스럽게 넘어가거나 자신의 견해를 입증하는 사례로

서 신문의 1면 기사 내용을 찾아 활용한다. 서두에서 신문의 내용을 언급하면서 실제로 신문을 가져와 높이 들어 보이는 것도 좋다. 신문을 손에 들고 요점을 인용하거나 기사를 읽어내려가면 청중의 주의를 집중시키고 기대감을 높일 수 있다.

역사적 사건을 언급하라

나는 몇 년간 군대의 역사에 대해 공부했다. 특히 위대한 장군들의 생애와 작전들, 그리고 그들이 승리를 거둔 결정적인 전투에 대해서 공부했다. 그중에서 내가 가장 좋아하는 장군은 알렉산더 대왕이다. 언젠가 나는 〈포춘(Fortune)〉이 선정한 500대 기업의 경영자들을 대상으로 리더십의 원칙에 대한 강연을 해달라는 요청을 받았다. 나는 알렉산더 대왕과 페르시아의 다리우스 왕의 전투를 예로 들어 역사상 위대한 지도자들의 리더십 자질에 대해 이야기하기로 마음먹었다. 그리고 이렇게 강연을 시작했다.

"옛날에 알렉스라는 청년이 살았습니다. 그는 가난한 나라에서 자랐지만 야심이 있는 청년이었습니다. 그는 어려서부터 자기가 아는 전 세계를 정복하겠다는 꿈을 가지고 있었습니다. 하지만 한 가지 작은 문제가 있었습니다. 주변 지역이 모두 다리우스 2세라는 왕이 다스리는 페르시아제국의 지배하에 있다는 사실이었죠. 자신의 야심을 이루기 위해 알렉스는 시장점유율(영토)을 절대 빼앗기지 않으려는 시장 주도 기업(페르시아 제국)으로부터 그것을 빼앗아와야 했습니다.

이것은 오늘날 시장에서 여러분과 여러분의 주요 경쟁사 사이에 존재하는 상황과 똑같습니다. 여러분은 여러분이 가진 리더십 역량을 한껏 발휘해 미래의 마케팅 대전쟁에서 승리해야 합니다."

유명한 인물을 활용하라

최근 중요한 발언을 한 유명 인사의 말이나 출판물의 내용을 인용하는 것으로 시작할 수 있다. 예를 들면 다음과 같다.

"오늘 저는 왜 어떤 사람들은 다른 사람들보다 돈을 더 많이 버는가에 대해 이야기하려고 합니다. 노벨상을 받은 경제학자 게리베커(Gary Becker)는 미국에서 발생하는 모든 소득 격차의 원인은 대부분 지식과 정보의 격차라는 견해를 최근 저서를 통해 밝혔습니다. 지금부터 저는 어떻게 하면 이 지식과 정보의 격차를 좁힐 수 있는지 그리고 여러분의 분야에서 향후 시장을 이끌어나갈 수 있는 리더가 될 수 있는 방법은 무엇인지를 알려드리겠습니다."

다음의 예도 살펴보자.

제가 주로 다루는 주제들 중 하나는 지속적인 자기 계발의 중요성에 관한 것입니다. "21세기는 지식과 정보가 성공의 열쇠가 되는 시대입니다. 농구 코치 팻라일리(Pat Riley)는 이렇게 말했습니다. '계속해서 발전하지 않는다면 그것은 곧 퇴보하고 있다는 의미다.'"

방금 나눈 대화를 언급하라

앞에 앉아 있는 사람들 중 한 명과 방금 나누었던 대화를 언급하면서 시작하라. 예를 들면 다음과 같다.

"좀 전에 저는 여기 계신 톰 로빈슨 씨와 로비에서 잠시 이야기를 나누었습니다. 그는 요즘이 이 업계 최고의 호황기라고 했는데, 저도 그렇게 생각합니다."

충격적인 발언으로 시작하라

모종의 충격적인 발언으로 강연을 시작하는 것도 좋다. 예를 들어 이렇게 이야기하는 것이다.

"최근 연구에 따르면 내년에 이 업계는 과거 어느 때보다 더 많은 변화와 경쟁, 기회가 있을 것이라고 합니다. 그러한 변화에 신속히 적응하지 못한다면 이 자리에 모인 분들 가운데 72%는 향후 2년 내에 업계에서 퇴출될 것입니다."

최근의 연구 결과를 인용하라

최근의 연구보고서를 인용하라. 예를 들면 다음과 같다.

"〈비즈니스 위크〉 최신호에 실린 기사에 따르면 2007년 미국의 백만장자 수는 거의 9백만 명에 달하며, 그중 대다수는 자수성가형입니다. 게다가 2015년까지 이러한 백만장자 수는 두 배로 늘어날 것으로 전망된다고 합니다."

희망을 선사하라

프랑스의 철학자 구스타프 르 봉(Gustav Le Bon)은 자신의 저서에 "인류의 유일한 종교는 늘 희망이었다"라고 썼다. 효과적인 강연은 사람들에게 희망을 심어준다. 강연의 궁극적인 목적은 생각과 감정, 행동의 변화를 고취시키는 것이라는 사실을 기억하라. 당신의 말이 아니었다면 이루어지지 않았을 행동의 변화가 일어나도록 사람들에게 동기를 부여하는 것이다. 당신의 강연의 모든 내용은 사람들이 취하는 특정한 행동과 관련이 있으면서 그 행동을 하는 이유가 되어야 한다.

유머로 시작하라

유머로 강연을 시작하라. 단, 자연스러운 수준에서 구사해야 한다. 당신의 이야기나 농담을 청중이 재미있게 받아들여야 의미가 있다. 따라서 강연에서 사용하기 전에 다른 사람들에게 여러 차례 시험해서 정말로 재미있는지 미리 확인해야 한다. 당신이 하려는 유머가 정말로 재미있고, 재미있게 구사할 수 있다는 자신이 있고, 청중이 거부감 없이 받아들일 것이라고 판단될 때에만 유머를 사용해야 한다.

전문 강사들 중에는 항상 강연을 유머로 시작하는 사람들이 있다. 그들의 유머는 매우 예리하고 적절하기 때문에 듣는 사람들로 하여금 배꼽이 빠지도록 웃으며 강연에 완전히 몰두하게 만든다. 그러나 이것은 일종의 기술이다. 유머가 제대로 효과를 발휘하려면 강사 개인의 성격적인 유형과 맞아떨어져야 한다.

농담으로 강연을 시작하는 것 자체는 매우 쉽다. 나는 강연을 할 때마다 거의 이렇게 유머로 말문을 열기도 했다. 그러다가 첫 이야기가 다음 이야기의 분위기를 설정한다는 사실을 깨달았다. 유머로 이야기를 시작하면 청중은 나의 강연은 재미있고 흥미로울 것이라고 기대한다. 심각하거나 진지하게 생각할 필요가 있는 내용으로 주제를 전환하면 사람들은 혼란스러워하거나 실망하기도 한다. 따라서 유머는 조심스럽게 사용해야 한다.

엔터테이너가 되어라

미국에서 최고의 강사 중 한 명으로 알려진 빌 고브(Bill Gove)는 소개를 받고 강단에 오를 때 무대 옆에서 누군가와 이야기를 나누다가 갑자기 무대로 올라오는 것처럼 연기를 한다. 그러면 청중은 그의 강연이 무대 옆에서 누군가와 나누던 대화와 연결되는 것 같다는 느낌을 받는다.

빌은 때로는 무대의 가장자리로 나아가 뭔가 음모를 꾸미는 것처럼 목소리를 낮추고 두 팔을 벌려 청중에게 앞으로 좀 더 다가오라는 손짓을 하며 이렇게 말하기도 한다. "이리 와보세요, 여러분에게 알려드릴 게 있어요." 그리고 마치 청중에게 비밀 이야기라도 해 줄 것처럼 앞으로 와보라고 손짓한다. 그러면 놀랍게도 모든 사람이 그가 얘기하려는 '비밀'을 들으려고 몸을 앞으로 바짝 기울인다. 그러다가 자신들이 그렇게 행동하고 있다는 사실을 깨달은 청중은 웃음을 터뜨린다. 이것은 자기 마음대로 청중을 사로잡는 그만의 놀라운 방법이다.

질문을 던지고 청중을 참여하게 하라

긍정적인 말로 강연을 시작한 뒤 질문을 던져 청중이 거수를 하게 만들어 보자. 이를테면 "요즘 미국의 경기는 최고 호황기입니다. 그런데 여기 계신 분들 중 몇 분이나 자가 경영을 하고 계신가요?"라고 질문을 던지는 것이다. 당신이 직접 손을 들어 보이면서 청중 가운데 해당되는 사람들은 손을 들도록 유도하라. 여러 사람이 손을 들면, 그중에서 앞줄에 앉은 사람에게 "그렇다면 정말로 자가 경영을 하고 계신 분은 얼마나 될까요?"라고 묻는다. 그러면 예외 없이 앞줄에 앉은 그 사람은 "우리 모두요!"라고 대답한다. 나는 대답한 그 사람을 칭찬하고 다시 한 번 확실하게 말한다. "맞습니다. 우리는 모두 자가 경영을 하고 있습니다. 첫 직장을 얻었던 그 순간부터 은퇴하는 날까지 그렇죠. 누가 우리의 급여를 주느냐와 상관없이 우리는 모두 우리 자신을 위해 일을 합니다."

청중이 서로 의견을 나누게 하라

청중에게 특정 문제에 대해 옆 사람과 의견을 나누어 보라고 요청한다. 예를 들어 "이번 세미나에서 배우고 싶은 것이 무엇인지 옆 사람과 이야기를 나누어 보세요"라고 말하는 것이다.

청중에게 어떤 요청을 하든 적절한 범위 내의 것이라면 그들은 당신의 요청에 따를 것이다. 자신감을 가지고 요청한다면 당신의 리더십이 자연스럽게 청중에게 영향을 미칠 것이다.

문제를 제기하라

반드시 해결해야 할 문제를 제기하는 것으로 강연을 시작한다. 그것이 모든 사람이 공통적으로 느끼는 문제라면 청중은 즉각적으로 당신에게 주의를 집중하기 시작한다. 예를 들어 이렇게 말할 수 있다.

"베이비 붐 세대 가운데 63%의 사람들이 자신의 노후를 대비하기 위한 자금을 충분히 마련해 놓지 않은 채 은퇴기로 접어들고 있습니다. 우리는 이 문제를 반드시 다루어야 합니다. 그리고 은퇴 후의 여생을 안락하게 살 수 있도록 대책을 마련하는 일이 시급합니다."

발언을 한 뒤 질문을 던져라

강력한 발언을 한 뒤 질문을 던져라. 거기에 대한 대답을 하고 또 다른 질문을 던져라. 이렇게 하면 청중은 즉각 강연에 몰입하면서 당신이 하는 말 하나 하나에 귀를 기울일 것이다. 다음의 예를 살펴 보자.

"국민의 20%가 전체 부의 80%를 벌어들이고 있습니다. 여러분은 이 상위 20%에 포함됩니까? 만약 아니라면, 상위 20% 또는 그 이상인 상위 10%에 합류하고 싶으십니까? 이제부터 저는 여러분이 우리 사회에서 고소득자가 될 수 있게 도와줄 몇 가지 아이디어를 제시하려고 합니다. 여러분과 저 모두에게 유익한 시간이 되겠죠?

사람들은 어릴 때부터 질문을 받으면 대답하도록 길들여져 있다는 것은 흥미로운 심리적 현상이다. 어떤 종류든 질문을 던지면 사람들은 설령 마음속으로 대답할지라도, 본능적으로 그리고 자동적으로 대답하게 되어 있다.

"여기에 향후 1~2년 안에 소득을 두 배로 만들고 싶은 분이 있습니까?"라고 물으면 거의 모든 사람이 본능적으로 혹은 자동적으로 손을 들거나 큰소리로 "네!"라고 대답한다.

질문을 던지고 몇 초 동안 그 질문에 대해 생각할 시간을 주면 당신은 청중을 완벽히 장악하게 된다. 질문을 던지는 사람이 대화를 주도하게 되어 있고, 질문하는 사람이 대답하는 사람을 장악하게 되어 있다.

사람들은 크게 소리 내어 대답하지 않더라도, 마음속으로는 대답을 한다. 이것은 "당신의 차는 무슨 색입니까?"라는 평범한 질문만 던져 보아도 알 수 있다. 청중은 자동적으로 이 질문에 대한 답을 생각한다. "주소가 어떻게 되죠?"라고 물으면 자동적으로 그리고 본능적으로 자신의 주소를 떠올린다. 사람들은 질문을 받으면 반드시 대답하게 되어 있다.

이야기로 시작하라

이야기로 시작하는 것도 좋은 방법이다. 청중을 완벽하게 사로잡을 수 있는, 매우 강력한 말 가운데 하나가 "옛날 옛적에…"이다. 사람들은 어릴 때부터 어떤 종류의 이야기라도 모두 좋아한다. "옛날 옛적에…"라고 말을 꺼내면 사람들은 이야기가 시작될 것이라고 기대한다. 그리고 모닥불 주위에 모여 앉은 아이들처럼 조용히 분위기를 정리하고 기다린다. 하루 종일 진행되는 세미나에서 쉬는 시간이 끝나고 사람들을 자리에 앉힐 때 나는 큰소리로 이렇게 이야기를 시작한다. "옛날 옛적에 바로 이 도시에 한 남자가 살았습니다…" 그러면 사람들은 서둘러 자기 자리로 돌아가 나머지 이야기에 귀를 기울인다.

청중과의 공감대를 형성하라

강연을 시작할 때 매우 중요한 부분 중 하나가 청중과의 공감대를 형성하는 것이다. 청중과의 공통점을 언급하면서 시작하라. 그것은 당신이 현재 같은 업계에 종사하고 있거나 혹은 과거에 종사했던 사실이 될 수도 있다. 아이들을 키우는 부모라는 사실이 공통점이 될 수도 있다. 같은 도시에 살고 있을 수도 있고 그 지역의 농구팀이나 야구팀의 팬일 수도 있다. 청중이 현재 인생이나 직장에서 겪는 문제나 고민을 당신도 갖고 있을 수 있다.

몇 분의 시간을 투자해 청중과의 공감대를 형성하면 그들은 그 즉시 당신의 편이 된다. 당신을 '자신들 중 한 명'이라고 여길 것이다. 그러면 당신이 하는 말을 더욱 더 열린 마음으로 받아들이게 된다. 당신이 실수를 해도 너그럽게 넘어갈 것이다. 당신이 자신들과 가진 공통점 때문에 당신을 더 박식하다고 생각하고 친근하게 여길 것이다.

자기 자신에 대해 이야기하라

나는 비즈니스나 세일즈 혹은 기업가 단체에서 초청한 강연에서 종종 이렇게 이야기를 시작한다.

"저는 집안이 너무 가난해서 고등학교를 졸업하지 못한 채 직업 전선에 뛰어들었습니다. 제 인생에서 성취한 모든 것은 어느 누구의 도움도 없이

제 스스로 일구어낸 것입니다."

놀랍게도 강연이 끝나고 나면 정말 많은 사람이 내게 다가와 자신도 그런 어려움을 겪었다며 말문을 연다. 그들은 자신도 많은 사람이 그랬듯이 학교 성적은 형편없었고 제한된 자금으로 사업을 시작했다고 이야기한다. 그래서 그들은 하루 종일 진행되는 세미나였지만 나머지 강연을 열린 마음으로 경청했다고 한다. 좋은 배경을 가지고 시작한 사람들의 말보다 나의 말들을 훨씬 더 신뢰할 수 있었다는 것이다. 이렇게 자신에 대해 이야기를 하면서 청중과 공감대를 형성하면 그들을 당신 편으로 만들 수 있다.

요약

어떤 청중이 앞에 앉아 있더라도 강력하게 그들을 사로잡는 능력은 습득되는 기술이다. 소개말을 효과적으로 구성하는 법과 청중을 강력하게 장악하는 법을 아는 것이 강연의 성공 여부를 결정한다. 더욱 따뜻하고 친근하게 또는 강력하게 강연을 시작하는 방법들을 알면 시작한 지 30초 만에 청중을 사로잡을 수 있다. 이것이 당신의 목표가 되어야 한다.

Chapter 5

소규모 회의에서 말하기

> 효과적으로 회의를 이끌어 가는 사람은 회의를 시작할 때 회의를 통해 이루고자 하는 목표를 제시한다. 그리고 회의를 마칠 때는 처음에 했던 발언을 언급하면서 본래의 목표와 연결되는 결론을 이끌어 낸다.
>
> - 피터 드러커(Peter Drucker)

  작은 회의에서 다른 사람들을 설득하는 능력은 당신의 인생과 경력에 큰 영향을 미칠 수 있다. 회사에서 다른 사람들은 항상 당신을 판단하고 평가한다. 의식적으로 그리고 무의식적으로 그들은 당신의 성격, 능력, 경쟁력, 그리고 자신감의 수준에 대한 자신들의 평가를 끊임없이 조정한다. 그렇기 때문에 비즈니스 회의가 당신의 경력에 미치는 중요성을 간과해서는 안 된다.

  2~3명이 모여서 진행되는 회의를 그냥 그렇게 흘러가게 두어서는 안 된다. 회사 경영에 소모되는 시간의 50%가 이런저런 종류의 회의에 사용되고 있고, 부족한 준비와 구성으로 인해 대부분의 사람이 회의에 사용되는 시간의 50%는 낭비되고 있다고 느끼는 요즈음은 더욱 그러하다.

피터 드러커(Peter Drucker)는 자신의 저서에 "회의는 경연진에게 반드시 필요한 도구다"라고 썼다. 회사의 간부는 결과에 대한 책임을 지는 사람이다. 그렇게 본다면 당신을 포함해서 사실상 모든 사람이 간부인 셈이다.

소규모 회의의 중요성

당신이 하는 프레젠테이션이나 발표는 소규모 그룹을 대상으로 하는 경우가 많다. 때로는 한 명이나 두 명을 대상을 하는 경우도 있다. 대규모 강연이나 프레젠테이션처럼 이런 소규모 회의 역시 철저하게 준비하고 계획해야 한다. 작은 회의들을 얼마나 성공적으로 수행하느냐에 당신 경력의 성패가 달려 있다.

몇 년 전 나는 큰 회사와 함께 전략적 계획을 수립하는 일을 맡은 적이 있는데, 전국 지점의 지점장들이 먼 거리에도 불구하고 모여 회의에 참석했다. 본사의 몇몇 간부는 전략적 계획을 위한 회의에 관심이 전혀 없고 신경 쓰지 않았다. 반면 멀리서 온 두 젊은 지점장은 회의 중에 제기되는 모든 질문에 대해 철저하게 준비를 해오고 적극적으로 논의를 이끌어 나갔다. 나는 휴식 시간에 회장에게 회의의 진행 상황을 간단히 보고하게 되었다. 회장은 나에게 "그 두 사람이 이 회의에서 얼마나 중요한 역할을 하는지 눈치채셨죠?"라고 말했다. 두 지점장이 어느 누구보다 면밀하게 준비하고 회의에 적극적으로 참여하고 있다는 것은 누가 봐도 명백했다.

회장은 그들에게 매우 깊은 인상을 받았다. 한 달쯤 뒤 지역 신문의 경제난에는 그 두 지점장이 부회장으로 승진했다는 소식이 실렸다. 몇 년 뒤, 그 두 사람 중 한 명은 10억 달러 규모 회사의 회장이 되었다. 그리고 몇 달 뒤 회사는 본사의 간부들 중 '조기 퇴직자 명단'을 발표했는데, 그 안에는 당시 회의에 무관심하게 참여했던 사람들이 포함되어 있었다. 그 회사에서 그들의 경력은 그렇게 끝났다.

철저하게 준비하라

효과적인 회의는 철저한 준비에서 시작된다. 회의에 참석한 사람들은 당신의 준비가 철저한지를 바로 알아차린다. 준비가 부족할 때도 마찬가지다.

당신이 회의를 주관한다면 계획을 짜라. 의제를 정하고, 초대할 사람들을 선별하고, 그들에게 맡아야 할 내용을 알려 주어라. 회의가 당신의 직장 생활의 매우 중요한 부분인 것처럼 회의를 구성하는 데 심혈을 기울여야 한다. 실제로 회의는 매우 중요하기 때문이다.

당신이 회의에 참석하는 입장이라면 참석자로서 준비를 해야 한다. 회의의 목적을 알아내고 당신이 참여할 수 있는 부분에 대해 준비하라. 비즈니스 회의에 참석하는 사람들 중 상당수는 회의가 진행되는 동안 조용히 앉아 있다. 하지만 회의에서 아무 말도 하지 않고 앉아 있으면 그 주제에 대해 아무 생각이 없는 사람으로 여겨진다. 당신은 그런 사람으로 비춰지고 싶지는 않을 것이다.

자리 배치의 중요성을 놓치지 마라

회의 장소에 일찍 도착해 당신이 앉을 자리를 신중하게 선택하라. 당신이 주관하는 회의라면, 벽을 등지고 출입구를 마주보고 앉는 자리가 좋다. 전체 회의실을 한눈에 파악하고, 들어오고 나가는 사람들을 볼 수 있기 때문이다. 나는 특히 중요한 회의를 열 때 참석자들의 자리를 지정해 준다. 가장 중요한 사람들을 가장 중요한 자리에 앉히기 위해서다.

회의에 참석하는 입장이라면 문이 보이면서, 회의 리더와 대각선 방향에 있거나 맞은편에 있는 자리를 선택하라. 잘 모르겠으면 회의 리더에게 어디에 앉는 게 좋은지 물어보는 것도 좋다. 하지만 리더가 권하는 자리들 중에서도 당신에게 도움이 되는 쪽으로 고를 수 있도록 하라. 특정한 자리에 앉아도 되는지 다른 사람과 자리를 바꿀 수 있는지 주저하지 말고 물어보라. 그렇게 해서라도 벽을 등지는 자리나 회의의 중요 인물과 눈을 마주칠 수 있는 자리를 차지하는 것이 유리하다. 좌석의 위치는 당신이 회의에 기여를 하고 사람들에게 영향력을 미치는 데 중요한 역할을 한다.

시간을 엄수하라

정시에 시작하라. 늦게 오는 사람은 오지 않을 것이라고 생각하고 제시간에 시작하라. 참석한 사람들에게 감사 인사를 하고 회의의 목적을 이야기하라. 그리고 회의의 구성과 진행 방법을 설명하라. 참석자들이 모두 알 수 있도록 회의가 끝나는 시간을 미리 공지하는 것이 좋다.

비즈니스 회의의 유형

비즈니스 회의에는 다음과 같이 네 가지 유형이 있다.

1. 문제 해결을 위한 회의 : 특정 문제에 대해 논의하고 해결책을 찾는 것을 목적으로 한다.
2. 정보 공유를 위한 회의 : 새로운 정보를 알려주고, 공지를 하고, 참석자들에게 바뀐 내용이나 자신이 맡은 임무를 알려준다.
3. 신제품 발표를 위한 회의 : 회사가 새로이 내놓았거나 출시 예정인 신제품이나 서비스를 참석자들에게 알리는 것이 목적이다.
4. 팀 빌딩(Team Building)을 위한 회의 : 팀 구성원들이 모여서 그들이 하고 있는 업무와 진행 상황을 논의하는 것이 목적이다. 팀 빌딩 회의는 회사에 반드시 필요한 직원들의 소속감을 키우는 데 매우 효과적인 방법이다.

리더의 준비

만약 당신이 회의를 주도하는 리더라면 회의에서 다루고자 하는 요점을 정리해 참석자들에게 나눠주는, 회의 자료를 철저하게 준비해야 한다. 파워포인트나 플립차트를 이용하는 회의라면 작동이 제대로 되는지 미리 확인해 보아야 한다. 회의를 매끄럽고 프로답게 진행하는 데 필요한 모든 준비를 완벽히 갖추었는지 확인하고 또 확인하라.

회의 의제를 다룰 때는 가장 중요한 사항을 가장 먼저 다룬다. 이렇게 해야 토론이 길어져서 시간이 부족해지더라도 중요한 사항을 빠뜨리지 않고 다룰 수 있기 때문이다.

적극적인 참여자가 되라

만약 당신이 참석자라면 회의를 시작한 지 5분 내에 질문을 하거나, 자기 의견을 이야기하거나, 자기 입장을 밝혀야 한다. 이렇게 하는 사람은 다른 참석자들 눈에 회의에서 지배적이고 중요한 역할을 하는 사람으로 인식된다. 시간이 한참 지나도 이야기를 하지 않는 사람은 대개 무시되거나 중요하지 않은 사람으로 여겨진다.

규모가 크든 작든 모든 회의의 목적은 일종의 행동을 이끌어 내는 것이다. 따라서 회의가 진행될 때 토론이나 합의 결과에 따라 발생할 행동을 요구하거나 주장하는 누군가가 반드시 있어야 한다.

스스로 책임을 떠 맡아라

적극적인 참여자가 되는 방법은 필요한 일을 자청하는 것이다. 모든 조직이나 팀에는 20%의 사람들이 80%의 일을 처리한다. 필요한 행동을 자청하고 끊임없이 책임을 맡겠다고 자원하는 참석자들은 누가 봐도 팀에서 가장 중요한 사람으로 인식된다.

주제가 논의될 때 "이 사안에 대해 우리가 취해야 할 행동은 무엇입니까? 다음에는 무엇을 해야 할까요?"라는 질문을 던져라. 손을 들고 다양한 사안을 행동으로 옮기는 일에 책임을 맡겠다고 자원하라.

미리 준비하라

회의에서 특정한 정보를 제공해야 할 입장이라면 PREP 공식을 활용할 수 있다. 먼저 자신의 견해(Point of view)를 말하고, 그런 견해를 갖게 된 이유(Reason)를 제시하고, 그런 논거가 타당함을 뒷받침하는 사례(Example)를 들고, 마지막으로 다시 한 번 당신의 견해(Point of view)를 밝힘으로써 마무리한다. 이 공식은 당신이 매우 열심히 준비를 해 왔다는 사실을 보여 준다. 그리하여 회의 주최자나 참석자 모두에게 긍정적인 인상을 심어 주는 데 매우 효과적이다.

설득하기-회의에서 성공하는 비결

회의에서 성공하는 비결은 다른 사람들을 설득하는 것이다. 설득력 있는 사람은 토론의 방향과 최종 결론에 영향을 미칠 수 있다.

회의에서 설득력을 갖추려면 회의 참석자들이 당신을 좋아하게 만들어야 한다. 즉 호감을 사는 사람이 되어야 한다. 기꺼이 당신을 지지하고 당신의 생각과 입장에 찬성하게 만들어야 한다. 다른 사람에 대한 영향력을 높이고, 당신에 대한 지지와 동의를 이끌어 내는 설득력을 키우는 방법은 생각보다 간단하다. 다른 사람들이 스스로 중요한 존재라고 느끼게 만드는 것이다.

다음은 사람들이 회의나 사회적 관계, 비즈니스 상황에서 다른 사람들이 자신을 가치 있는 존재로 느끼게 만드는, 여섯 가지 방법이다. 설득력 있는 사람이 되려면 다음 방법들을 반드시 숙지해야 한다.

1) 수용하기(Acceptance)

아무 조건 없이 타인에게 받아들여지고 싶은 것은 인간의 매우 강한 욕구들 중 하나다. 상대방을 받아들인다는 것을 표현해야 한다. 사람들이 회의실에 들어올 때 또는 회의 중에 무언가 이야기를 할 때 똑바로 바라보며 미소를 짓는 것이다. 이는 상대방의 자존감을 높여 주고 긍정적인 자아상을 갖게 한다. 또한 그들이 자신도 모르는 사이에 당신의 제안이나 발언을 지지하도록 만든다.

2) 감사하기(Appreciation)

다른 사람의 행동이나 말에 고마움을 표시하면 그들의 자존감을 높이고 당신에 대한 그들의 호감도를 향상시키는 데 도움이 된다. 감사를 표현하는 가장 쉬운 방법은 당신에게 도움이 되는 모든 상대방의 행동과 말에 대해 고맙다고 말하는 것이다. 늦지 않게 와줘서, 유용한 정보를 제공하여서, 당신을 지지거나 틀린 내용을 정정하는 발언을 해주어서 고맙다고 말한다.

누군가에게 무언가에 대해 고맙다는 표현을 하면, 그는 그 행동을 반복할 것이고 더 크게 도움이 되는 행동도 하게 된다. 사람은 타인으로부터 감사 인사를 받으면 자신이 더 가치 있고, 존중받고 중요한 사람이라고 느끼게 된다. '감사합니다' 라는 말은 당신에 대한 호감도를 높이고 다른 사람들의 협력이나 지지를 이끌어 낸다.

3) 칭찬하기(Admiration)

에이브러햄 링컨(Abraham Lincoln)은 "칭찬을 싫어하는 사람은 없다"라고 말했다. 상대방의 말이나, 행동, 그가 가진 소유물 등을 칭찬하면 그는 자신이 더 가치 있고 중요하다고 느끼게 되고 당신을 더 좋아하게 된다.

끊임없이 다른 사람을 칭찬할 수 있는 방법을 찾아 보라. 그의 가방, 지갑, 펜을 칭찬하는 것도 좋다. 옷이나 외모를 칭찬해 보라. 그가 어떤 정보를 제공했다면 정말 유용한 정보라며 칭찬하라. 상대방을 바라보고 미소 짓고 고개를 끄덕이는 것만으로도 그 사람으로 하여금 자신이 가치 있고 중요한 사람이라고 느끼게 한다. 그러면 그 사람은 이후에 당신이 제시한 의견에 동의하고 지지를 보낼 것이다.

4) 인정하기(Approval)

"아기는 인정받기 위해 울고 어른은 인정받기 위해 죽는다"라는 말이 있다. 사람은 타인으로부터, 특히 자신이 좋아하고 존경하는 사람으로부터 인정받기를 원한다. 당신이 무슨 이유에서든 어떤 식으로든 누군가를 칭찬하고 인정하면 그 사람의 자존감은 고양되고 자아상은 향상된다.

그리고 그는 자기 자신과 당신에 대해서 더욱 더 호감을 갖게 된다.

인정을 해 줄 때는 즉각적이면서 구체적으로 하는 것이 중요하다. 가치 있는 일을 하거나 유용한 정보를 제시하면 "아주 훌륭한데요"라고 그 자리에서 즉시 칭찬한다. 구체적으로 칭찬해야 한다. 예를 들면 "이 수치들은 아주 인상적이네요, 대단합니다"라고 말한다.

회의에 기여한 내용에 대해 많이 칭찬하고 인정해 줄수록 그들은 더 적극적으로 회의에 참여하고, 당신의 아이디어와 견해를 더 많이 지지할 것이다.

5) 관심 갖기(Attention)

사람들은 자신이 가장 가치 있게 여기는 일과 사람에 관심을 기울이게 마련이다. '인생은 관심을 기울이는 법을 배우는 과정이다'라는 말도 있다. 상대방에게 세심한 관심을 기울이면 그는 자신이 가치 있고 중요한 사람이라고 느낀다. 관심을 기울이는 핵심은 상대방이 이야기할 때 경청하고 중간에 끼어들지 않는 것이다. 상대방을 똑바로 바라보고 그가 하는 말 하나하나에 반응하라. 그가 하는 말이 매우 중요하고 통찰력 있다는 듯이 고개를 끄덕이고 미소 짓고 동의를 표하라.

다른 사람이 자기 말을 집중해서 듣고 있다는 것을 느끼면 자존감이 고양된다. 뇌에서 엔도르핀이 분비되어 자기 자신과 자기가 하는 일에 대해 더 만족해하고 긍정적으로 느낀다. 그리고 이들에 대한 당신의 영향력은 폭발적으로 커진다.

6) 동의하기(Agreement)

마지막으로 규모와 종류에 상관없이 어떤 회의에서나 사용할 수 있는 방법은 다른 사람의 말에 전반적으로 동의하는 모습을 보이는 것이다. 다른 사람의 의견에 동의하지 않는다고 해도 동의하는 태도를 보이는 것이 좋다.

누군가 당신이 동의할 수 없는 의견을 제시하면 그 자리에서 바로 반박하지 마라. 그렇게 하면 상대방은 스스로를 방어하려 하고 화를 낼 것이다. 그보다는 이렇게 말하는 것이 좋다. "흥미로운 의견이군요. 미처 생각해보지 못했습니다. 제 생각과는 약간 다르지만 좀 더 자세히 알고 싶습니다."

꼭 반대해야 한다면 '제3자 반대'를 사용하라. "나는 당신 의견에 반대합니다"라고 말하는 대신 "흥미로운 의견이군요. 만약 누군가 이런 저런 근거로 당신의 의견에 반박할 경우 당신은 어떻게 대답하시겠습니까?"라고 말하는 것이다. 다시 말해 존재하지 않는 제3자의 입을 빌려 당신의 반대 의견을 제시하고, 상대방이 그에 대해 자신의 의견이 옳다는 것을 변호하라고 요청하는 것이다. 이렇게 하면 회의 자리에서 자신을 공격하는 사람에 대해 방어해야 한다는 중압감 없이 자신의 견해를 말할 수 있게 해 준다.

비평이나 부정적 내용 피하기

당신이 회의를 이끌어 가는 리더라면 엄청난 영향력을 가진다. 참석자들은 모두 리더로서 당신을 존중하고 당신의 의견을 따를 것이다. 당신이 하는 말은 긍정적으로든 부정적으로든 실제보다 더 크게 영향을 미친다. 회의에 적극적으로 참여하는 사람에게는 고개를 끄덕이고, 미소를 짓고, 적극적으로 지지해 주어야 한다. 회의에 참석해서 이야기하는 것은 무대에 서는 것과 같다. 자신이 한 말에 대해 다른 참석자가 비평을 하면 발표자는 주목을 받게 된다. 특히 비평하는 사람이 상사라면 더욱 그렇다. 이때 의견을 말한 사람은 비평한 내용에 따라 스스로 중요한 사람이라고 생각할 수도 있고, 나약하고 방어적인 태도를 취할 수도 있다. 따라서 자기 의견을 신중하게 표현해야 한다.

사소한 비평이라도 눈썹을 치켜 올리면서 불만스러운 표정을 지으면서 이야 기하면 참석자는 위축되고 불안한 느낌을 갖게 된다. 회의 리더로서 세심 하게 주의를 기울이고, 참석자들의 의견에 대한 당신의 생각은 접어두고 모든 참석자가 자존심에 상처를 받지 않도록 신경을 써야 한다.

만약 누군가의 말이나 행동에 언짢은 생각이 들더라도 다른 참석자들 앞에서는 침착하고 긍정적인 태도를 유지하라. 불쾌한 문제에 대해서는 그 사람을 따로 만나서 다루어야 한다. 여러 사람 앞에서는 칭찬하고, 평가는 개인적으로 만나서 해야 한다.

소통의 장애물 피하기

어떤 사람의 반대편에, 예를 들어 테이블이나 책장 맞은 편에 앉아 있으면, 그 가구 자체가 소통을 하는 데 심리적·물리적 방해 요인으로 작용할 수 있다. 그러한 위치는 무의식적으로 당신이 반대 입장이라는 느낌을 주기 때문이다.

이러한 딜레마를 해결하는 데 가장 좋은 방법은 중요 인물과 대각선 방향의 자리에 앉겠다고 요청하는 것이다. 맞은편이 아니라 대각선 자리에 앉으면 심리적인 장애물이 사라져 훨씬 안정적이고 우호적으로 소통할 수 있다. 따라서 중요 인사의 맞은편이 아니면서 눈을 마주칠 수 있는 대각선 방향에 앉겠다고 당당하게 요청하라. 다년간의 경험에 비추어 볼 때 이런 요청을 받고 싫어하거나 거절한 경우는 단 한 번도 없었다. 대개는 거기까지 생각하지 못했다가 내가 요청해 준 것을 오히려 좋아했다.

요약

어떤 분야에서든 준비를 철저히 하는 사람이 프로다. 어떤 종류의 회의이든, 단 두 명이 참석하는 회의일지라도, 철저하게 준비할수록 당신은 더 유능한 사람으로 인식되고 더 만족스러운 결과를 얻게 된다. 가장 철저하게 준비한 사람이 회의의 주도권을 장악한다. 준비하지 않은 채 회의에 참석한 사람은 영향력이 축소되거나 전혀 발휘하지 못하게 된다.

당신은 어떠한 경우에도 말로서 상대를 설득하고 사로잡아야 한다. 당신의 목적은 어떤 대화에서든 중요한 주역으로 보이는 것이다. 다른 사람들을 설득해서 당신의 견해에 동의하게 만들고 그들에게 영향력을 미치는 것이다. 이것은 당신이 주관하거나 참석하는 모든 회의를 철저하게 준비하고 상대방이 스스로 중요한 사람이라고 느끼게 하는 방법을 사용함으로써 가능해진다.

Chapter 6

소규모 프레젠테이션과 협상에서 말하기

당신이 다른 사람을 위해 할 수 있는 최고의 선은
당신의 부를 나누어 주는 것이 아니라 그가 소유한 부를 알게 하는 것이다.

- 벤저민 디즈레일리(Benjamin Disraeli)

    당신이 프레젠테이션으로 인정받을 수 있는 기회는 대부분 작은 규모의 비즈니스 회의에서 주어진다. 앞장에서도 이야기했듯이 효과적으로 회의를 주도하고 참여하는 것은 매우 중요하다. 그런데 이러한 비즈니스 회의에서 당신의 견해, 제품, 정책에 대한 프레젠테이션을 함으로써 참가자들을 설득하고 그들의 동의와 지지를 이끌어 내야 하는 경우가 많다.

    비즈니스 회의가 경영 간부에게 반드시 필요한 도구라면 회의에서 진행되는 프레젠테이션의 중요성은 더욱 크다. 결정권을 가진 사람들이 포함된 소규모 그룹의 회의에서 효과적인 프레젠테이션을 함으로써 자신의 경력과 회사 전체의 나아갈 방향을 바꿔 놓은 경우가 많다. 당신도 그렇게 할 수 있다.

소규모 그룹에서의 프레젠테이션이 성공을 결정한다

소규모 그룹에서 프레젠테이션을 할 때마다 당신의 미래와 경력의 성공 여부가 달려 있다고 상상해 보라. 수많은 사람에게 보여 주기 위해 당신이 참여한 회의가 녹화된다고 상상하라. 당신이 프레젠테이션을 하는 모습을 몰래 카메라가 촬영하고 있고 그것이 전국에 방송되고 있다고 상상하라. 즉 프레젠테이션에 진지하게 임하라는 뜻이다. 프레젠테이션에 진지하게 임할수록 회의에 참석한 사람들의 반응도 진지해진다.

규모에 상관없이 모든 회의에서 성공하는 비결은 준비에 있다. 성공 여부의 90%는 준비에 달려 있다. 업계에서 최고로 평가받는 한 변호사가 내게 이렇게 말한 적이 있다.

"나는 '지나친 준비'라는 말은 있을 수 없다고 생각합니다."

목적을 염두에 두고 시작하라

프레젠테이션의 목적을 정하라. '이번 회의를 성공적으로 해낸다면 어떤 결과를 얻게 될 것인가?'라고 자문해 보라. 생각한 것을 종이에 적어라. 프레젠테이션이 완벽하게 효과적으로 진행된다면, 당신이 목표했던 바를 모두 이룬다면 어떻게 될 것인지를 모두 적어 내려간다. 완벽한 결과에 대해 분명하게 그려볼 수 있으면 프레젠테이션을 준비하는 일이 훨씬 쉬워진다. 그리고 마침내 목표를 달성할 가능성도 더욱 높아진다.

모든 것은 협상이라는 사실을 기억하라

다른 사람들을 설득하기 위해 소규모 그룹의 사람들 앞에서 프레젠테이션하는 것은 일종의 협상을 벌이는 것과 같다. 참석자들은 저마다의 의견과 바라는 바를 가지고 있다. 당신은 그들에게 당신의 견해를 받아들이게 하고 당신의 제안을 지지하도록 확신을 주어야 한다. 즉 참석자들의 생각을 서서히 바꿔야 한다. 그리고 때로는 그들의 생각을 완전히 바꾸어야 한다.

변호사처럼 생각하라

프레젠테이션을 준비할 때 '변호사의 방법'을 활용해 보라. 변호사는 자신의 주장을 준비하기 전에 먼저 상대방의 입장에서 재판을 준비하고 분석해 본다. 이처럼 회의에 참석하는 다른 사람들이 가질 만한 생각이나 의견 가운데 당신의 주장에 반대되는 입장을 정리해서 적어 보자. 더욱 구체적으로 특정한 사람이 주장할 만한 반대 의견을 적어 보는 것도 좋다.

욕구와 두려움의 차이를 파악하라

나는 일 년에 한두 번 대기업의 간부들과 협상을 벌일 때, 그들이 가지고 있을 법한 염려나 회의적인 태도에 대한 이유들을 적어 보는 것으로 시작한다. 그들이 걱정하거나 주저하는 이유는 대부분 변화에 대한 거부감 때문이다. 프레젠테이션을 할 때도 마찬가지다. 사람들은 안전지대로 들어

가려는 경향이 있다. 그리고 그 안전지대로부터 끌어내려는 어떠한 시도나 제안에 대해 거부감을 갖는다.

구매를 비롯한 모든 종류의 행동의 변화를 결정할 때 중요한 두 가지 동기는 두려움과 욕구다. 사람들은 시간과 돈, 명예, 이익 등을 잃는 것을 두려워하는 반면 더 많은 시간과 돈, 시장 점유율, 기회 등을 얻고 싶어 하는 욕구를 가지고 있다.

심리학자들은 두려움을 유발하는 동기가 욕구를 유발하는 동기보다 2.5배 더 강하게 작용한다고 말한다. 이 말은 당신의 의견을 받아들이지 않으면 보게 될 손해를 강조하는 것이 이익을 강조하는 것보다 2.5배 더 효과적이라는 뜻이다. 그러나 먼저는 당신의 의견에 동조했을 때 참석자들이 얻게 될 이득을 제시해야 한다. 사람들이 어떤 행동을 하게 되는 주된 이유는 '개선'과 관련되어 있기 때문이다. 다시 말해, 어떤 행동을 하지 않았을 때보다 했을 경우 더 나은 결과를 얻을 수 있다고 믿기 때문에 그 행동을 한다는 것이다.

따라서 거절, 비평, 손실, 당혹감, 반감, 조소 등에 대한 두려움을 호소할 때에도, 당신의 조언을 받아들이면 이러한 두려움과 관련된 참석자들의 상황은 개선될 것이라는 긍정적인 측면을 제시하라.

회의 참석자들의 입장을 이해하라

여러 사람을 대상으로 프레젠테이션을 할 때, 서로 다른 성격을 가진 여러 유형의 사람들을 대해야 한다. 그리고 각각의 사람들은 서로 다른 유형과 강도의 두려움과 욕구를 가지고 있다. 사람들이 원하는 것과 피하고 싶어하는 것을 잘 파악할수록, 그들을 안심시키고 설득할 수 있도록 발표 내용을 잘 준비할 수 있다.

앞에서 언급한 대기업 간부들은 변화에 대한 강한 두려움을 가지고 있지만 매출과 이윤을 증대시키고자 하는 욕구 또한 강하다. 그래서 나는 항상 매출과 이윤 증가를 위한 강력한 방법을 제안하는 데 초점을 맞추고 나서, 손실에 대한 그들의 두려움을 가라앉히기 위해 전혀 비용이 들지 않는 테스트를 제안한다. 내가 제안하는 방법이 적절한 수준의 수익과 이윤을 가져다 줄 수 있는지 알아보는 것이다. 나는 지난 몇 년 동안 대다수의 사람이 새로운 아이디어에 대한 제한적인 리스크를 지닌 테스트를 거부감 없이 잘 받아들인다는 사실을 발견했다. 반면 아직 검증되지 않은 아이디어를 시험하는 데 많은 돈을 쏟아붓는 것은 극도로 불안해한다.

보편적인 두려움을 이해하라

대부분의 사람은 다른 사람에게 조종당하거나 이용당하게 될 것을 두려워한다. 남에게 떠밀려서 어떤 행동을 하게 될까 봐, 다른 사람의 말에 넘어가 자신의 단기적인 혹은 장기적인 이익에 반하는 일을 할까 봐 두려워한다. 혹은 필요없는 비싼 제품이나 서비스를 강매 당할까 봐, 어떤 제안을 받아들였다가 자신의 상황이 이전보다 더 악화될까 봐 불안해한다.

다른 사람의 말대로 어떤 일을 하거나 혹은 안 했다가, 결국 좋지 않은 상황에 처하게 되었던 과거의 경험이나 다양한 사람들에게 이용당했던 경험 때문에 이런 두려움을 갖게 된다. 그래서 자신을 설득해서 어떤 일을 하게 하려는 사람에 대해 거의 파블로프의 조건반사와 같은 반응을 보이게 된다. 그들은 본능적으로 의심하고 경계하는 것이다. 다른 사람에게 속았거나 자기가 손해를 봤다고 느껴질 때마다 사람들은 의식적으로 그리고 잠재의식 속에서 '다시는 나한테 이런 일이 일어나지 않을 거야'라고 생각한다. 프레젠테이션을 할 때 당신은 사람들의 이러한 의식을 고려해야 한다.

거부감을 낮추어라

새로운 아이디어나 제품, 서비스에 대한 프레젠테이션을 할 때, 참석자들은 보편적인 두려움 때문에 의심하고 경계한다. 따라서 당신은 이러한 거부감을 줄여주고 의심을 제거하기 위해 최대한 노력해야 한다.

소크라테스의 방법을 사용해 보라. 개인이나 단체에게 새로운 주제를 소개할 때는 항상 모두가 동의하고 논쟁의 여지가 없는 사실들을 먼저 제시하는 것이다. 그런 다음 그러한 사실을 지렛대 삼아 사람들이 동의하지 않을 수 있는 새로운 내용으로 범위를 확대해 나간다.

큰 거래를 위한 협상의 원칙

나는 6~10여 명의 간부가 포함된 단체를 대상으로 규모가 큰 계약을 협상할 때 다음과 같은 전략을 따른다. 이 전략은 매번 성공적으로 협상을 마무리게 해주었다. 협상은 보통 30~50페이지에 이르는 계약서나 개발 합의서를 토대로 진행된다. 나는 미리 합의서의 모든 조항을 꼼꼼히 검토해서, 나에게 가장 중요한 조항들과 상대방에게 가장 중요한 조항들을 명확하게 파악해 둔다. 그런 다음 계약서를 함께 검토하면서 각 조항에 대해 동의하거나 반대하는 부분을 논의해 나간다.

계약서의 여러 조항과 하위 조항의 80%는 표준 조항이거나 논란의 여지가 없는 조항이기 때문에 이런 부분에 대해서는 처음부터 끝까지 쉽게 합의된다. 서로 의견이 엇갈리는 부분에 이르면 나는 상대방의 생각을 짧게 논한 다음 '이 부분은 잠깐 보류하고 나중에 다시 논의하는 게 어떨까요?'라고 말한다. 그리고 나서 다음 조항들을 하나씩 검토해 나가다가 다시 논쟁의 여지가 있는 부분이 나오면 흐름을 끊지 않기 위해 또 잠시 보류해 둔다.

전체적인 계약서를 모두 함께 검토하고 대부분 조항에 대해 합의를 한 다음, 중간에 보류했던 조항들로 다시 돌아간다. 조항마다 가능한 한 모든 논의를 나누어 합의를 도출하고, 진행할 수 없는, 특히 까다로운 부분에 대해서는 다시 한 번 보류하자고 제안한다.

이쯤 되면 전체 중 20%의 보류 조항 가운데 80%는 해결을 하고 이제 재논의를 거쳐 합의해야 할 부분은 4%밖에 안 남게 된다. 이미 96%의 조항에 대해 합의되었기 때문에 양측이 모두 긍정적이고 적극적인 자세로 남은 과정에 임하게 된다. 그러면 남은 조항에 대해 더욱 열린 마음으로 심도 있게 논의할 수 있다.

4의 법칙

협상에는 '4의 법칙' 이라는 것이 있다. 어떤 협상에서든 논의하고 해결해야 할 주요한 사항은 네 가지뿐이라는 것이다. 그리고 합의가 이루어지기 위해서는 양측이 이 네 가지 사항에 대해 서로 다른 가치와 중요성을 가지면 된다.

예를 들어 한쪽은 제품의 가격을, 다른 한쪽은 제품의 품질이나 납품 기한을 중요하게 생각한다면 양측이 모두 만족할 만한 협상 결과를 이끌어 낼 수 있다. 믿을 수 있고 일관된 품질과 납품 기한을 약속받는 대신 원하는 가격을 제공하면 되는 것이다. 한 가지 사항에 대해 양측이 단호한 입장을 취할 경우에만 협상은 교착 상태에 빠진다. 따라서 협상을 하기 전에 당신은 논의 과정에서 주요한 네 가지 사항을 명확히 파악해야 한다. 상대방이 중요하게 생각하는 사항을 상쇄하고 보상할 수 있는 방법을 마련해야 만족할 만한 협상 결과를 얻을 수 있다.

원칙은 동일한 프레젠테이션과 협상

소규모 그룹을 대상으로 하는 프레젠테이션은, 많은 돈과 인력이 동원되는 2~3일에 거쳐 진행되는 협상만큼 규모가 크거나 극적이지는 않지만 기본 원칙은 같다. 회의에 참석하는 사람들의 관심사를 파악해야 하고 동의를 얻어야 할 네 가지 사항을 생각해 두어야 한다. 그런 다음 최종적으로 목표를 성취할 수 있도록 전체적인 프레젠테이션을 구성해야 한다.

예상되는 반대 의견과 그에 대한 답변을 준비하라

비즈니스 프레젠테이션을 할 때 당신의 아이디어나 제안에 대한 사람들의 반대 의견들을 예상해서 종이에 적은 뒤, 그에 대응할 논리적인 답변을 하나 이상 정리해서 적어 둔다.

참석자가 질문이나 반대 의견을 제기하면 성의를 가지고 대응해야 한다. 먼저 상대의 질문에 대해 어떻게 대답해야 할지 신중하게 고민하는 모습을 보여야 한다. 일단 상대방의 의견을 수용하는 태도를 취하고 문제를 제기해 준 데 대해 감사 인사를 하라. 그런 다음 마치 지금 막 생각이 떠오른 것처럼 미리 세심하게 준비해 둔 내용을 대답한다.

항상 합리적이고 수용적인 모습을 보여라

어떠한 반대 의견이 제기되더라도 항상 우호적이고 예의 바르게, 그리고 품위 있는 태도로 대응해야 한다. 반대 의견에 침착하게 호의적으로 대할수록 사람들은 당신의 의견을 더욱 열린 자세로 받아들이게 된다. '설탕 한 스푼이 쓴 약을 삼키게 해준다'는 노래 가사를 기억하라.

프레젠테이션을 하는 것은 연극의 독백이 아니라 참석자들과 나누는 대화다. 견해를 제시하고 요약해서 전달하고 참석자들의 질문이나 평가를 요청하고 들어야 한다.

참여를 유도하라

프레젠테이션을 진행하면서 많은 사람의 참여를 유도할수록 당신은 사람들의 생각과 감정을 더 잘 파악할 수 있다. 그리고 결국에는 참석자들이 당신의 의견에 동의하게 될 가능성이 훨씬 커진다. 사람들은 당신이 다른 참석자를 대하는 방식으로 자신도 대할 것이라고 생각한다. 이런 사실을 염두에 두고 프레젠테이션을 진행하라.

전체로서 개개인을 대하라

당신이 어떤 참석자에게 호의적이고 예의 바른 태도로 대하면 다른 참석자들은 자신도 그런 대우를 받는다고 느낀다. 각각의 참석자는 자신이 전체 참석자의 일부라고 생각하는 것이다. 반면 당신이 어떤 참석자에게 화를 내거나 짜증을 부리면 나머지 다른 참석자들은 자신도 그런 대우를 받고 있다고 느낀다. 프레젠테이션을 할 때는 이처럼 집단으로서의 특성을 고려해 참석자들을 조심스럽게 대해야 한다.

서열을 파악하라

참석자들을 동등하게 대우하는 것이 기본이긴 하지만 소규모 그룹에게 프레젠테이션을 할 때는 그 그룹 멤버들의 '서열'에도 각별히 주의를 기울여야 한다. 어떤 그룹에서든 다른 사람들보다 더 중요한 인물이 있게 마련이다. 그런 사람이 말로 혹은 다른 방법으로 표현한 의견은 다른 사람들의 의견보다 더 큰 비중을 차지한다. 그 사람의 서열에 따라 의견의 중요도가 결정된다. 어떤 사람의 의견이 첫 번째로 중요하다면 다른 사람의 의견은 두 번째, 세 번째로 중요할 수밖에 없다. 그리고 전혀 영향력을 미치지 못하는 참석자도 있다.

프레젠테이션을 효과적으로 진행하기 위해서는 가장 큰 비중을 차지하는 사람을 파악해서 그 사람을 설득할 수 있는 내용으로 구성해 나가야 한다. 그들은 발표가 진행되는 동안 말을 거의 하지 않는 사람일 수도 있고 가장 말을 많이 하는 사람일 수도 있다.

문화권에 따라 다른 특징

최근 페르시아만 국가에서 진행된 회의에 참석할 기회가 있었다. 그때 아랍 국가 사람들의 협상 기술과 전략에 대한 글을 읽었는데, 아랍 문화권에서는 회의에서 말없이 조용히 앉아 있으면서 말을 가장 적게 하는 사람이 가장 영향력 있는 사람이라는 사실을 알게 됐다. 말을 많이 하고 질문을 많이 하는 사람은 심부름꾼으로 협상에서 전혀 영향력을 갖지 않는 사람이라는 것이다. 내가 만약 그 글을 읽지 않았다면, 가장 말을 많이 한 사람에게 회의 내내 주의를 기울였을 것이다.

서구 문화권에서는 영향력 있는 사람을 말을 많이 하느냐 아니냐로 가려내기 힘들다. 어떤 경우이든 가장 영향력 있는 사람을 파악해서 수시로 그의 생각을 확인하는 것이 중요하다. 그 사람에게 직접 말하듯이 발표를 하고, 회의실 전체를 둘러보며 다른 중요한 사람들과도 차례차례 눈을 마주치면서 발표를 진행한다. 그리고 다시 최고 서열의 인물에게로 시선을 돌려 당신의 주장을 빠짐없이 이해하고 있는지 확인한다.

쌍방향 소통을 유도하라

대화를 나눌 때 사람들의 참여도와 합의된 내용에 동의하는 정도 사이에는 직접적인 관련이 있다. 예를 들어 회사 직원들과 대화를 나눌 때 질문을 하고 동의 여부를 물어 보면서 참여를 많이 유도할수록, 그들은 당신이 내린 결정을 더 잘 수용한다. 회의에서 말을 하지 않거나 질문을 하지 않는 사람들은 회의에 적극적으로 참여하지 않는 것이다. 그들은 그냥 묵묵히 듣고만 있을 뿐이다. 말을 하지 않는다는 것은 회의에서 내려지는 결정 사항에 참여하지 않고 그 결정을 수행하는 일에 대한 책임도 지지 않으려는 것이다.

제너럴 모터스(General Motors)의 전 사장인 알프레드 슬론(Alfred Sloan)은 회사의 신제품이나 새로운 정책을 논의하기 위해 종종 경영진을 소집하고 회의가 끝날 무렵 이렇게 묻기도 했다.

"오늘 논의한 내용들에 대해 질문이나 다른 의견이 있습니까?" 아무도 대답하지 않거나, 제시된 내용에 대해 전원이 동의할 경우 슬론은 이렇게 말했다.

"여러분은 오늘 논의한 내용이 얼마나 중요한지 이해하지 못했군요. 모두가 동의한다면 나중에 다시 회의를 소집하겠습니다. 그때는 여기 계신 분들이 다양한 의견들을 제시해 주기를 바랍니다."

슬론은 아무도 이견을 이야기하지 않거나 전원이 동의한다는 것은, 주어진 아이디어에 대해 아무도 진지하게 생각해 보지 않았음을 의미한다는 것을 알고 있었다. 회사 경영진이나 대표들은 대부분 이런 사실을 알고 있다. 그렇게 되면 회의에 참석했던 사람들은 나중에 가서야 회의 내용이 미칠 영향에 대해 생각하기 시작한다. 그리고 이렇게 뒤늦은 생각은 모든 노력을 수포로 만들어 버릴 수도 있다.

효과적인 자리 배치

소규모 그룹을 대상으로 프레젠테이션을 할 때는 당신이 벽을 등지고 출입문을 마주 볼 수 있도록 자리를 배치하라. 이렇게 자리를 배치하면 사람들이 회의의 흐름을 끊지 않으면서 회의실을 드나들 수 있고 발표자는 모든 참석자를 볼 수 있다.

또한 가장 바람직한 책상 배치는 U자형이다. 발표자는 U자의 열린 부분에 서서 발표를 하고 나머지 참석자들은 U자의 바깥 둘레에 앉는다. 이렇게 하면 거의 모든 참석자가 테이블 너머로 서로 눈을 마주볼 수 있다. 참석자들이 발표자만 바라보면서 옆으로, 그리고 앞뒤로 나란히 앉을 배치와 완전히 다르다. 그렇게 앉을 경우 서로 의견을 나눌 수 있는 기회가 거의 없다. 미소를 짓거나 눈썹을 치켜올리고 어깨를 으쓱해 보이는 등의 보디랭귀지를 보여줄 수도 없다. 따라서 회의실 자리를 U자로 배치해서 참석자들이 발표자뿐 아니라 서로서로 바라볼 수 있게 하는 것이 좋다.

전략기획 회의를 할 때 나는 모든 간부가 U자형 테이블의 바깥 둘레에 앉도록 자리를 배치한다. 그리고 질문을 던질 때 테이블 주위를 돌면서 한 사람 한 사람에게 대답을 하거나 의견을 개진하도록 요청한다. 지난 몇 년

간 이 방법을 사용해 보았는데 결과는 매우 성공적이었다. 이 방법은 참석자 개개인에게 자신의 아이디어나 의견을 말할 기회를 주면서 동시에 다른 사람들이 자기 생각을 표현하는 것을 지켜볼 수 있다. 이렇게 테이블을 한 바퀴 돌고 나면, 다양한 논점을 다루는, 풍부하고 심도 깊은 논의가 진행될 수 있다.

실행 방안을 결정하라

규모가 크든 작든 프레젠테이션의 목적은 일종의 행동에 대한 합의를 도출하는 것이다. 따라서 논의가 전개되는 동안 당신은 끊임없이 다음과 같은 질문을 던져야 한다.

"이 시점에서 우리는 어떤 행동을 취할 수 있습니까?"

"이 문제에 관해 어떤 조치를 취해야 합니까?"

"이 제안에 동의한다면 그다음에는 우리가 어떤 행동을 취해야 합니까?

소규모 그룹에게 프레젠테이션을 하면서 일련의 다양한 조치를 취해야 할 때에는 그것을 실행에 옮길 담당자와 완료 시기에 대한 합의까지 이끌어 내는 것이 필요하다. 필요한 조치에 대한 합의까지 도출하면서 훌륭하게 프레젠테이션을 마치고 나서 아무 조치도 취해지지 않는 경우가 너무나 많다. 그것은 구체적으로 일을 맡을 담당자와 그 조치가 완료되어야 하는 기한을 결정하지 않았기 때문이다.

같은 말을 반복하거나 다소 부담을 주거나 너무 자기 주장만 하는 것처럼 비칠지라도 누가 무엇을 언제까지 수행하는 책임을 맡을 것인지 반드시 결정해야 한다. 그것이 회의의 프레젠테이션의 궁극적인 목적이기 때문이다. 합의 사항이 실행에 옮겨질 수 있도록 후속 조치를 취해야만 계획을 세우고 프레젠테이션을 하는 의미가 있다.

시각적 효과를 더하라

어떤 회의에서든 참석자의 70% 정도는 시각적 요인에 의존하고 나머지 30%는 청각적 요인에 의존하는 경향이 있다. 다시 말해 70%의 사람들은 당신이 발표하는 내용을 이해하기 위해 사실, 요점, 사례 등을 눈으로 직접 '보아야' 할 필요가 있다는 뜻이다. 반면 나머지 30%의 사람들은 당신이 이야기하는 내용을 단순히 듣는 것만으로도 충분히 이해할 수 있다.

참석자의 70%는 당신의 발표 내용을 시각적 자료를 활용해 보여주어야만 이해할 수 있기 때문에 발표 내용을 글로 보여 주어 그들의 이해를 도와야 한다. 파워포인트를 활용해 중요한 요점을 얘기할 때마다 그 내용을 화면에 띄우는 것도 좋은 방법이다. 화이트보드나 플립차트를 이용해서 핵심 내용을 보여 주거나 발표 내용이 미치는 영향이나 결과를 보여 주는 것도 효과적이다. 시각적 요인에 의존하는 사람들은 당신이 진행하는 발표 내용을 눈으로 '보여 주면' 더욱 편안하고 안정된 마음으로 받아들인다. 반면 청각적 요인에 의존하는 사람들은 글이나 그림으로 보여 주는 자료를 함께 보는 것도 만족스러워하지만, 발표 내용을 듣는 것을 더 좋아한다.

이들은 당신이 사용하는 특정한 단어나 표현의 구체적인 의미에 대해 질문하는 경우가 많으니 미리 답을 준비하는 것이 좋다.

보여 주고, 말하고, 질문을 던져라

처음에 세미나에서 프레젠테이션을 시작했을 때 나는 플립차트를 사용했다. 그다음에 화이트보드를 사용했고 지금은 오버헤드 프로젝터(OHP)나 엘모(ELMO)라는 장치를 사용하고 있다. 이 장치는 내가 핵심 요점들을 적으면 나의 뒤쪽이나 옆에 설치되어 있는 화면에 그 내용을 보여 준다.

나는 프레젠테이션을 진행하면서 그래프나 그림, 막대 사람(사람의 머리는 동그라미로 사지와 몸은 직선으로 간략하게 그린 그림) 등을 그려가며 핵심 내용을 시각적으로 다시 보여 준다. 특정한 단어나 개념을 강조할 때는 잘 보이게 적어서 참석자들로 하여금 볼 수 있게 한다.

그러면 참석자들은 상당한 양의 발표 내용을 필기한다. 당신이 무언가를 적어서 보여 주면 참석자들은 그것이 중요하다는 것을 알아챈 후 자기 노트에 적는다. 이렇게 함으로써 적극적으로 프레젠테이션에 참여하게 된다.

아무런 시각적 자료도 제공하지 않고 말로만 발표를 이어가면, 아무리 똑똑한 사람이라도 당신의 프레젠테이션이 끝나기 전에 발표 내용의 80~90%는 잊어버리게 마련이다. 구두 발표를 하면서 시각적인 내용도 함께 보여 주면 청각적 요인과 시각적 요인에 의존하는 참석자들을 모두 사로잡을 수 있다. 뿐만 아니라 참석자들은 당신의 프레젠테이션을 흥미롭고 즐거운 마음으로 따라올 것이다.

이해는 오해를 방지한다

만약 참석자가 질문을 하거나 자기 견해를 이야기했는데 그 의미가 명확하지 않다면 반드시 다음의 두 방법 중 하나를 사용해야 한다. 첫 번째는 그의 질문이나 견해를 약간 다르게 표현함으로써 대답을 하기 전에 확실하게 이해를 했는지 확인한다. 그리고 나서 "지금 제가 얘기한 것이 질문하신 내용이 맞나요?"라고 물어본다. 두 번째 방법은 질문자에게 좀 더 이해하기 쉽게 다른 말로 표현해 달라고 요청하는 것이다. 조금이라도 명확하지 않거나 모호한 부분이 있으면 "정확히 어떤 뜻인지 설명해 주시겠어요?"라고 요청한다.

가장 어리석은 행동은 잘못된 질문에 그냥 대답하거나 애초에 제대로 이해하지 못한 견해에 대한 답을 늘어놓는 것이다.

요약

모든 종류의 프레젠테이션을 완벽히 준비하고 할 수 있는 최선을 다하겠다고 오늘 당장 결심하라. 당신의 경력에 영향을 미치는 사람들이 당신의 발표를 바라보며 평가한다는 사실을 기억하라. 당신이 그들을 설득하고 의견을 개진하거나 반대하기 위해 입을 열 때마다 당신에 대한 평가는 높아지거나 낮아진다. 프레젠테이션에서 하는 말과 행동 하나하나가 모두 중요하다!

Chapter 7

대규모 청중을
사로잡는 말하기

높은 꿈을 가져라, 꿈꾸는 대로 이루어질 것이다.
당신의 비전에 따라 당신의 미래의 모습이 달라진다.

- 제임스 앨런(James Allen)

어떤 회의 기획자가 전문 강사에게 전화를 걸어 다가오는 행사에서 강연을 해 달라고 요청했다. 기획자는 "강연료가 얼마인가요?"라고 물었다. 강사는 "강연의 길이와 준비에 소요되는 시간에 따라 다릅니다"라고 대답했다. 기획자가 "30분 정도의 강연은 얼마인가요? 준비하는 데는 시간이 얼마나 걸립니까?" 라고 묻자 강사는 "30분 강연을 하려면 준비하는 데 6~8시간 정도 소요되고 강연료는 5,000달러입니다"라고 대답했다. 기획자는 깜짝 놀라며 "그럼 반나절 강연은 얼마입니까? 준비하는 데 얼마나 걸리죠?"라고 물었다. 강사는 "준비하는 데 3~4시간 걸리며, 4,000달러입니다"라고 대답했다.

기획자는 다시 "하루 강연료는 얼마인가요?"라고 물었고 강사는 "3,000

달러입니다"라고 대답했다. 기획자는 다시 "준비하는 데는 얼마나 걸리죠?"라고 물었고 강사는 "하루 강연이라면 지금 당장이라도 할 수 있습니다"라고 대답했다."

강연이 짧을수록 더 어렵다

이 이야기의 요점은 강연이 짧을수록 주어진 시간 내에 주제를 전달하기 위해서는 더 많이 치밀하게 준비해야 한다는 뜻이다. 하루 종일 강연을 한다면 스토리나 사례, 주제와 관련된 다양한 의견들로 시간을 채울 수 있다. 그러나 시간이 20분밖에 없다면 당신의 메시지를 전달하는 데 반드시 필요한 요소들만 계획적이고 집중적으로 다루어야 한다.

나의 첫 강연의 청중은 7명이었지만 수 년이 흐른 뒤 나는 한 번에 2만 5,000여 명이나 되는 많은 사람 앞에서 강연을 하게 되었다. 한 번은 8만 5,000명이 청중 앞에서 강연을 했는데 2,000명은 강연이 진행되는 현장에 앉아 있었고, 나머지 8만 3,000명은 600곳의 서로 다른 지역에서 위성 방송으로 내 강연을 들었다. 내 강연과 세미나의 길이는 20분에서 3~4일에 이르기까지 다양하다. 한 번에 끝나든 여러 차례에 걸쳐 진행되든 모든 강의는 꼼꼼하게 준비하고 연습해야 효과적으로 진행될 수 있다. 청중의 규모가 커지면 강사로서 갖추어야 할 요건이나 준비 사항도 늘어난다. 대규모 청중 앞에서 말하기는 소규모 그룹의 회의나 프레젠테이션과는 전혀 다르다.

기본적인 말하기의 8단계

1장에서 설명했듯이 20~60분 동안 대규모 청중 앞에서 강연을 할 때는 기본적으로 8단계의 구성을 활용할 수 있다. 강연을 계획할 때 이 구성을 활용하는 것이 좋다. 다시 한 번 살펴보자.

1. **오프닝** : 오프닝의 목적은 청중의 주의를 끌고 기대감을 높이고 말하는 사람에게 집중시키는 것이다. 아무도 귀 기울이거나 집중하지 않는다면 말을 할 수가 없기 때문이다.
2. **서두** : 앞으로 무슨 이야기를 할 것이지 그리고 그것이 왜 중요한지 이야기한다.
3. **첫 번째 요점** : 여기서 본론으로 들어간다. 첫 번째 요점을 말함으로써 강연의 기초를 마련하고 앞으로 전개하게 될 본론을 시작한다
4. **다음 요점으로 이동하기** : 첫 번째 요점을 마무리하고 다음 요점으로 넘어간다는 것을 확실히 해야 한다. 이 단계 자체가 자연스럽게 말하기의 기술이 된다.
5. **두 번째 요점** : 첫 번째 요점과 논리적으로 연결되어야 한다.
6. **다음 요점으로 이동하기** : 다음 주제로 넘어간다는 것을 분명히 밝힌다.
7. **세 번째 요점** : 첫 번째, 두 번째 요점에 자연스럽게 연결되면서 강연의 마무리를 향해 넘어가기 시작한다.
8. **요약** : 결론을 이끌어 내어 강연의 목표인 행동을 촉구한다.

스피치의 일곱 가지 필수 요소

어떤 청중을 대상으로 하든 어떤 주제를 다루든 모든 스피치를 설계하는 데 활용할 수 있는, 검증된 비결 혹은 공식이 있다. 모든 강연은 이 공식의 일곱 가지 요소에 대해 1에서 10까지 점수를 매길 수 있다. 이 가운데 어떤 요소든 점수가 낮다면 전체적인 강연의 효과는 떨어진다고 볼 수 있다.

1) 소개와 오프닝

강연을 시작할 때 청중에게 좋은 첫인상을 주는 것은 매우 중요하다. 좋은 첫인상 만들기는 본격적으로 강연에 들어가기 전에 시작되는 경우가 많다.

절대 빼놓을 수 없는 것이 준비다. 먼저 종이를 꺼내 그 위에 당신의 강연 내용을 적는다. 맨 위에 제목을 적고 강연에서 다룰 요점들을 하나하나 적어 내려간다. 이런 방법으로 적어 보면 대개 2~3페이지 분량이 된다.

종이 위에 모든 내용을 적고 나면 요점들을 검토한 뒤, 그 요점들을 핵심 내용을 중심으로 다시 배치하고 분류한다. 전체적인 강연 내용을 녹음한 뒤 타이핑해서 양면으로 출력한 후 다시 검토한다. 목소리, 전체 내용의 짜임새, 말의 흐름이 만족스러울 때까지 여러 차례 내용을 편집하고 다듬는다. 만족할 정도로 다듬어지고 모두 정리가 되면, 녹음을 해서 들어보면서 뜻이 불명확하거나 좀 더 개선할 수 있는 부분을 확인하다.

이외에도 강연의 시작을 매끄럽게 하고 좋은 첫인상을 심어주기 위해 필요한 몇 가지 일이 있다. 이어서 살펴보자.

연습이 완벽을 만든다

많은 사람이 링컨의 게티즈버그 연설은 가장 뛰어난 영문 연설이라고 생각한다. 이 연설문은 링컨이 게티즈버그 국립묘지에서 열리는 추도식에 참석하기 위해 열차를 타고 가면서 편지 봉투 뒷면에 쓴 것이라는 일화가 있다. 그러나 사실은 이와는 좀 다르다. 링컨은 게티즈버그 연설문의 일부를 다른 여러 연설에서 사용했었다. 그러다가 역사에 길이 남는 연설문의 결정체가 탄생한 것이다. 그는 다양한 문장과 표현들을 여러 차례 연습한 끝에 마침내 완벽한 연설문을 만들어 냈다.

마틴 루터 킹(martin Luther King) 목사가 했던 '나는 꿈이 있습니다'라는 연설은 아름답고 감동적인 내용으로 유명하다. 그러나 마틴 루터 킹 목사도 연설을 하기 몇 년 전부터 그 연설문의 여러 부분을 반복해서 연습했다. 최종적으로 워싱턴 D.C.에서 했던 연설은 이전에 했던 수많은 연설 중에 매우 뛰어난 부분들만 모은 것이었고 결국 역사에 길이 남는 명연설이 되었다.

설비를 점검하라

강렬한 첫인상을 주기 위해 해야 할 두 번째 일은 강연 장소에 일찍 도착하는 것이다. 하루 전에 도착하면 더 좋다. 도착해서는 강연 장소를 둘러보고 전체적인 환경에 익숙해지도록 해야 한다. 무대나 음향 설비, 조명, 청중의 좌석 배치 등(보다 자세한 내용은 10장을 참조하라)을 확인하라.

다른 누군가가 당신만큼 세심하게 신경 쓰고 확인해 줄 것이라는 기대는 금물이다. 큰 규모든 작은 규모든 강연 장소를 준비하는 일을 하는 사람들은 최저 시급을 받는 노동자들이다. 그들은 맡은 일을 처리하고 가버리면 그만이기 때문에 당신처럼 꼼꼼하게 신경 쓰지 않는다.

나는 이런 일을 직접 경험했다. 얼마 전 한 다국적 기업의 간부와 직원 4,000명을 대상으로 하는 90분짜리 강연을 요청받은 일이 있었다. 3일 일정의 컨퍼런스를 위해 회사는 전문가들에게 무대와 사이드 스크린, 음향 장비, 조명 장비, 좌석 등의 설치를 맡겼다. 나는 컨퍼런스의 두 번째 날 점심 때쯤 도착했다. 강연 시간보다 일찍 도착했는데 지금도 그렇게 하기를 잘했다고 생각한다.

나는 강연을 할 때 오버헤드 프로젝터(OHP)나 엘모(ELMO)에 내용을 적어가면서 한다. 그리고 무대 중앙에 서서 프로젝터를 내 오른쪽에 두고 강연을 진행한다. 그렇게 해야 청중석에서 시선을 떼지 않은 채 스크린 내용을 설명하면서 이야기를 할 수 있기 때문이다. 그런데 무대 설치 작업자들이 엘모를 무대 뒤편의 한쪽 구석에, 그것도 청중에게 등을 돌려 작동하게끔 설치해 놓은 것을 발견했다. 나는 가능한 한 정중하게 그렇게 하면 내가 설명을 할 때마다 엘모가 설치된 곳까지 가야 하고 청중에게 등을 돌린 채 진행해야 한다고 문제를 제기했다. 그들은 어깨를 으쓱했다. 그들에게는 중요하지 않은 문제였던 것이다. 나는 청중을 바라볼 수 있는 위치로 서둘러 엘모를 다시 설치하게 했다. 강연은 성공적으로 진행되었다.

청중과 어울려라

강연을 시작하기 전에 회의 기획자나 주최자 그리고 가능하면 청중이 될 사람들과 어울려라. 당신 자신을 소개하고 그들의 이름을 묻고 그들에 대해 알려고 노력하라.

청중은 대개 강사와 이야기를 나누거나 강사에게 질문하는 것을 좋아한다. 청중이 어떤 사람들인지 파악하는 것이 중요하다. 그들이 어떤 생각을 하고 어떤 감정을 느끼는지 알아야 한다. 무엇보다도 청중이 강사는 자신들과 같은 사람이라고 느끼게 해야 한다.

다른 강사의 강연을 들어라

당신이 강연을 하기 전에 다른 강사들의 강연이 예정되어 있다면 일찍 도착해서 그들의 강연을 들어야 한다. 당신이 무대에 오르기 전에 청중이 어떤 내용을 들었는지를 아는 것은 중요하다.

나의 강연이 점심 식사 전 오전 시간의 마지막 순서로 잡힐 경우 주최 측은 보통 "오전 11시부터 강연이 시작되니까 10시 30분까지 오시면 됩니다"라고 말한다. 하지만 나는 매번 오전의 첫 번째 연사가 강연을 시작할 때, 이미 회의장에 도착해 앉아 있다. 순서에 따라 나에 대한 소개가 끝나고 내가 강연을 할 차례가 돌아오면 나는 앞에 나온 연사들이 말한 내용을 언급한다. 특히 고위 간부가 해당 비즈니스에 대해 말한 내용을 언급하면 좋다. 앞에 이야기한 강사들의 의견과 공헌에 대해 칭찬하는 말로 시작하는 것이 좋다. 예를 들면 "앞에서 로버트 윌슨 사장님이 굉장히 중요한 이야기를 하셨습니다"라고 말한다. 이렇게 하면 청중은 당신은 자신들처럼 회의 전체에 대해 충분한 관심을 가지고 있다고 생각한다.

다른 상사의 강연을 들어야 할 또 다른 이유가 있다. 앞의 강연 내용을 모르면 청중이 이미 들었던 내용을 이야기하거나, 앞서 강연한 것과 모순되는 내용을 말할 수도 있기 때문이다.

시카고에서 2,000명의 청중 앞에서 강연했을 때의 일이다. 내 강연은 오후에 예정돼 있었지만 나는 여느 때처럼 다른 강사들의 강연이 시작되는 아침 8시 30분에 회의장에 도착했다. 첫 번째 강사는 주제에 대해 훌륭하게 강연을 했고 재미있는 이야기로 마무리했다. 20분의 휴식 시간이 끝나고 두 번째 강사가 소개되었다. 그는 무대에 오르기 직전에 도착했기 때문에 첫 번째 강연을 듣지 못했다. 그의 강연도 주제를 잘 다룬 것이었다. 그런데 문제는 놀랍게도 마지막에 첫 번째 강사와 똑같은 이야기로 마무리를 지은 것이다. 순간 약간의 웃음과 불편한 기색이 회의장을 감돌았다. 청중이 거의 웃지 않았기 때문에 강사는 매우 당황스러워 했다. 그런데 최악의 상황이 발생했다. 앞의 두 강의를 듣지 못했던 세 번째 강사가 역시 같은 이야기로 강연을 끝낸 것이다. 이번에는 청중석이 쥐 죽은 듯 조용했다. 그 강사가 재미있다고 생각하는 사람은 아무도 없었다. 청중은 강사가 앞의 강의들을 듣지 못했음을 확실히 알 수 있었다. 청중의 표정에 '자기가 얼마나 대단하기에 미리 도착할 성의도 없는 거야'라고 생각이 그대로 드러나 있었다. 결국 그는 강연을 완전히 망쳐버린 셈이었다.

무대 위에서 생각하라

나는 미리 강연을 철저히 준비하지만, 내 앞에 섰던 강사의 강연 내용 때문에 재빨리 내용을 바꿔야 했던 적이 여러 번 있었다. 내가 이야기하려고 한 농담이나 스토리를 다른 강사가 먼저 이야기해 버린 것이다.

사회자를 만나라

강렬한 인상을 남기는 소개를 받고 싶다면 사회자를 미리 만나서 대화를 나누는 것이 좋다. 사회자가 읽을 수 있도록 소개하는 글을 큰 글씨로 프린트해서 전해 준다. 소개서 맨 위에는 '제가 작성한 그대로 읽어주십시오'라고 적는다. 사회자가 자기 마음대로 잘못 읽었다가는 시작부터 곤경에 처할 수 있다.

놀랍게도 사회자들은 강사를 소개하기 전에 미리 소개하는 글을 읽어보거나 연습을 하는 노력을 좀처럼 하지 않는다. 어색하게 소개하는 글을 읽거나 더듬거리거나 실수하는 일도 자주 있다. 청중을 실망시키지 않으려면 사회자가 서툴게 읽더라도 크게 영향을 받지 않는, 짜임새가 좋은 소개서를 작성해야 한다.

준비된 오프닝으로 청중을 사로잡아라

사회자의 소개가 끝나면 심호흡을 한 뒤 당당하고 자신 있게 무대로 올라간다. 악수를 하거나 문제되지 않는다면 가볍게 포옹을 하면서 사회자에게 감사 인사를 하라. 그리고 청중을 향해 서서 그들을 만나 진심으로 기쁘다는 듯이 미소를 지어라. 그리고 잠시 조용히 서서 청중이 마음을 가라앉히고 당신에게 집중할 때까지 기다려라. 그리고 청중석의 앞쪽을 2등분하고 뒤쪽을 2등분해서 네 구간으로 나누어진 청중석을 천천히 둘러보라. 각각의 구간의 중앙에 있는 한 사람을 선택해 그 사람에게 시선을 집중하고 규칙적으로 그에게 시선을 던지라.

청중의 공통된 욕구, 관심사, 문제 등을 언급함으로써 청중의 주의를 단번에 사로잡을 수 있다. 예를 들어 나는 비즈니스나 세일즈 업계에 종사하는 청중을 대상으로 강연을 할 때 종종 이렇게 시작한다.

"여러분에게 좋은 소식을 알려드리겠습니다(잠시 멈춤). 우리는 지금 인류 역사상 최상의 시대에 살고 있습니다(잠시 멈춤). 앞으로 더 많은 사람이 지난 100년 동안 벌었던 것보다 더 많은 돈을 향후 몇 년 안에 벌게 될 것입니다. 여러분의 목표는 그들 중 한 명이 되는 것이고 제 목표는 그 방법을 여러분에게 알려드리는 것입니다."

이런 식의 오프닝으로 나는 청중의 관심과 주의, 호기심을 단번에 이끌어 낸다. 청중은 목표를 달성하는 방법이 무엇인지 듣기 위해 심리적으로 그리고 실제로도 앞으로 바싹 몸을 기울인다.

2) 핵심 내용 전달하기

어떤 주제에 대한 강연이나 프레젠테이션이든 강사는 청중으로 하여금 강연의 논리를 이해하고, 강연에 흠뻑 빠져들고, 열린 마음으로 강사의 영향을 받아들이게 해야 한다. 그렇게 하기 위한 몇 가지 방법을 살펴보자.

스토리를 사용하되 요점과 연결해서 사용하라

강연의 중요한 요점을 전달하기 위해서 스토리를 사용할 때는 반드시 주장하는 요점과 연결시켜야 한다. 앞에서 언급했던 것처럼 청중의 주의를 집중시키는 오프닝 멘트를 하면 사람들은 다음 이야기를 듣고 싶어서 귀를 쫑긋 세운다. 그러면 나는 알렉산더 대왕이 자신의 군대를 이끌고 아르벨라 전투에서 다리우스 왕을 물리친 이야기를 들려준다. 10대 1이라는 엄청난 수적 열세에도 불구하고 탁월한 전투 지휘 능력을 발휘해 다리우스 왕을 무찌른 뒤 주변 지역을 차례로 정복해 나간 이야기를 들려주는 것이다. 그리고 남은 강연 시간 동안 비전과 용기, 헌신, 결단력, 혁신, 책임 등의 리더십 자질을 설명한다. 강연이 끝날 때쯤 되면 청중은 자기 자신을, 경쟁이 치열한 시장에서 승리를 쟁취할 알렉산더 대왕과 같은 리더로 바라보게 된다.

우뇌와 좌뇌를 모두 활성화하라

노벨상을 수상한 한 연구에 따르면 인간은 좌뇌와 우뇌를 가지고 있다. 좌뇌는 논리적·실용적·분석적·사실적·비감정적인 영역을 담당하는 데 사람이 온갖 종류의 정보를 받아들일 때 활성화된다. 반면 우뇌는 그림, 감정, 음악, 이야기 등에 의해 활성화되는데 사람들이 어떤 결정을 내릴 때는 우뇌를 사용한다. 따라서 당신은 청중의 우뇌를 최대한 활성화하고 자극해야 한다. 우뇌를 자극하는 말을 많이 할수록 청중은 당신과 당신의 강연 내용에 온전히 집중하게 된다. '자동차 와이퍼 기법'을 기억하라.

사실과 스토리를 사용해 강연 내용을 전개시켜 나가면서, 4분의 1로 나눈 청중석의 각 구간의 중앙에 있는 사람을 선택해서 그 사람에게 주기적으로 시선을 던져라. 얼굴에 웃음을 띄고 긍정적인 태도로 강연 내용에 집중하고 있는 사람을 선택해야 한다. 마치 회의실에 그 사람만 존재하는 것처럼, 그 한 사람에게 집중해서 이야기를 하라. 그리고 천천히 시선을 다른 구간에 있는 사람에게 돌려서 그 사람에게 이야기하듯이 정확하게 말하라.

청중과 눈을 맞추고 이야기하라

당신이 어떤 사람을 똑바로 바라보면서 이야기를 하면, 그 사람을 뒤쪽으로 V를 그렸을 때 그 안에 포함되는 사람들은 당신이 자신을 향해 이야기한다고 느낀다. 그리고 더 뒤쪽에 앉은 사람을 바라보면서 이야기를 하면 그 사람 뒤쪽에 앉은 사람들은 당신이 자신에게 집중하고 있다고 느낀다. 청중은 강사가 자기 자신에게 직접적으로 이야기한다고 느낄수록 강연에 더욱 몰입한다.

불필요한 움직임을 삼가라

대규모 청중을 대상으로 강연을 할 때는 가만히 서 있는 자세로 이야기하는 법을 연습하라. 가로 세로 1~1.5m 정도 되는 네모를 마음속으로 그린 뒤 그 네모 안에 머물러라. 무대 전체를 돌아다니거나 몸을 앞뒤로 흔들지 않도록 주의하라. 앞뒤로 끊임없이 왔다 갔다 하는 움직임도 피해야 한다. 이런 움직임들은 대체로 긴장했다는 증거다. 무대에 오르기 전에 이런 움직임을 피하려고 의식적으로 주의를 기울여야 한다. 옷을 만지작거리거나 더듬거리지 말고 주머니에 손을 넣지 말라. 내용을 강조할 때는 자연스럽게 손을 앞으로 들어 올렸다가 다시 자연스럽게 양 옆으로 내리는 것이 좋다.

3) 새로운 내용으로 매끄럽게 전환하기

강연을 하는 중에 새로운 내용으로 넘어가는 것은 자동차의 기어를 바꾸는 것과 매우 유사하다. 하나의 소주제를 완벽하게 다룬 뒤 새로운 소주제로 넘어갈 때는 청중에게 그 점을 확실히 알려줘야 한다. 그렇게 하지 않으면 청중은 혼란스러워하며 새로운 내용을 방금 전에 설명한 부분과 연결해서 생각한다. "다음에 살펴볼 내용은…"이라고 말하면서 간단하게 넘어갈 수도 있다. 나는 때로는 "이제 다음 내용으로 넘어가겠습니다. 이번에는…"라고 말하기도 한다.

하나의 소주제를 완벽히 다룬 뒤에는 그 주제에 대한 결론을 내리고 다음 내용으로 넘어간다. 이미 다룬 내용을 다시 다루어서는 안 된다. 그런 진행은 청중을 혼란스럽게 할 뿐이다.

즉흥적인 이야기도 필요하다

때로는 강연을 진행하는 도중에 완벽한 예화나 농담이 갑자기 떠오를 때가 있다. 이것은 자연스러운 것이기 때문에 청중과 교감을 나눌 수 있는 훌륭한 기회다. "방금 이 점을 아주 잘 설명해 줄 수 있는 일화가 떠올랐는데요…"라고 말하면서 즉흥적으로 떠오른 이야기를 할 것임을 청중에게 알려라. "어젯밤 TV에서 한 출연자가 이렇게 말하더군요"라고 말하는 것도 좋다.

잠시 본론에서 벗어난 이야기를 하고 있음을 청중에게 알려야 한다. "잠시 여담을 하자면…"이라고 말하면서 이야기를 풀어나가면 된다. 이야기를 끝낸 뒤에는 기어를 바꾸듯 자연스럽게 본론으로 다시 돌아간다. 나는 가끔 "이 주제와 관련된 이야기를 잠시 해드리겠습니다"라고 하거나 "이건 바로 지난 주에 일어났던 일인데요…"라며 말을 돌리기도 한다.

무슨 이야기를 어떻게 하든, 청중으로 하여금 당신이 강연 내용을 완벽하게 통제하고 있으며 강연의 시작과 중간과 끝이 분명히 있다고 느끼게 해야 한다.

궤도를 벗어나지 마라

그야말로 '열정적인' 강사가 많이 있다. 그들은 긍정적이고 재미있고 논리 정연하다. 그리고 대체로 똑똑하고, 경험이 풍부하고, 박식하다. 하지만 그들의 강연은 산만하다. 대개 오프닝 멘트나 중요한 내용으로 시작은 잘 하는데 그 이후가 문제다. 하나의 소주제에서 다른 소주제로 갑자기 건너뛰거나, 왔다 갔다 하거나, 옆길로 새기도 한다. 그러다가 갑자기 떠오르는 생각이나 스토리, 농담을 난데없이 불쑥 말하기도 한다.

그들은 대개 유쾌하고 즐겁고 호감 가는 유형이다. 청중은 큰소리로 웃고 박수로 환호한다. 하지만 강연이 끝날 때쯤 청중은 강사가 도대체 무슨 이야기를 했는지, 무슨 메시지를 전하고자 했는지 전혀 알 수 없는 상태가 된다. 결국 청중은 실망한 채로 돌아간다. 마치 저녁 만찬에 초대되었는데 에피타이저만 먹고 돌아가는 것과 같다.

4) 일관성 유지하기

사람에게는 합리와 논리, 질서를 느끼고 싶어하는 강한 심리적인 욕구가 있다. 이것을 '일관성에 대한 감각'이라고 한다. 강연의 내용을 소주제별로 명확하게 전개했을 때 청중의 이러한 욕구가 충족된다. 그리고 청중은 편안한 마음으로 다음에 이어서 전개될 내용에 흥미와 호기심을 갖게 된다.

나는 2장에서 원 그리기 기법을 다루었다. 종이에 위에서부터 아래까지 동그라미를 차례로 그린 뒤 각각의 동그라미 안에 강연에서 다룰 중요 요점들을 적어 넣는 것이다. 나는 세일즈맨들을 대상으로 강연을 할 때는, 질문을 던지면서 세일즈 프레젠테이션을 진행해 나가는 '척추와 갈빗대'라는 방법을 가르친다. 척추는 대화의 핵심 내용을 가리키고 갈빗대는 핵심 내용을 생생하게 전달하거나 입증하기 위해 사용하는 여담, 일화, 인용, 보기 등을 가리킨다.

개구리가 하나의 연잎에서 다음 연잎으로 폴짝 뛰어가는 것처럼, 핵심 내용들을 명확하게 구분해서 설명할 수 있도록 강연을 구성하라. 그러면 당신은 강연 내용을 쉽게 기억할 수 있고, 청중은 더욱 즐겁게 강연을 들을 수 있다.

핵심 문장을 적어 보라

중요한 문장을 정확하게 적어 보면 자신의 강연 내용을 정확하게 표현할 수 있게 되고, 그 결과 청중에게 미치는 영향력은 더욱 커진다. "당신은 무엇이든 할 수 있습니다"와 "당신이 할 수 있는 일의 한계는 오직 당신의 생각뿐입니다"는 같은 뜻을 담고 있지만 들었을 때의 느낌은 분명히 다르다.

세 마디의 힘

가장 설득력 있게 말할 수 있는 방법 중 하나는 세 마디로 이야기하는 것이다. 사람들은 세 마디로 무언가를 설명하거나 표현했을 때 지나치게 영향을 받는 경향이 있다. 예를 들어 에이브러햄 링컨은 게티즈버그 연설에서 "국민의, 국민에 의한, 국민을 위한"이라는 유명한 세 마디를 사용했다. 존 F. 케네디는 대통령 취임 연설에서 "우리는 어떤 대가도 치를 것이며, 어떤 짐도 질 것이며, 어떤 고난에도 맞설 것입니다"라는 유명한 말을 남겼다.

나도 강연을 할 때 종종 "여러분은 문제를 해결하고, 장애를 극복하고, 자신이 정한 어떤 목표도 성취할 수 있는 능력을 지금 갖고 있습니다"라고 말한다. 강연에서 사용할 문장을 만들기 위해 더 많은 시간을 투자할수록 당신은 훨씬 영향력 있고 설득력 있는 강사가 될 수 있다.

몇 년 전, 내 친구가 나에게 책을 쓰라고 권고한 적이 있다. 그는 이런 멋진 말을 했다.

"글쓰기 능력은 계속 쓰기만 한다면 절대 나빠지지 않는다."

말하기도 마찬가지다. 말하기를 계속 하기만 한다면 말하기 실력은 점점 더 향상된다. 그래서 말을 잘하는 능력을 키울 수 있는 유일한 비결은, 유명한 작가 엘버트 허버드(Elbert Hubbard)의 말을 바꾸어 말하자면 "말하고 또 말하고, 또 말하고, 또 말하고, 또 말하고, 또 말하고, 또 말하는 것이다."

5) 청중과의 관계를 형성하라

사람들이 당신에게 호감을 가질수록 그들은 더욱 더 마음을 열고 당신의 말에 기꺼이 설득당할 것이다. 『세일즈맨의 죽음(Death of Salesman)』에서 주인공 윌리로만은 이렇게 말했다.

"가장 중요한 것은 다른 사람의 호감을 얻는 것이다."

당신이 청중 앞에 섰을 때 미소 짓고, 따뜻하고 친절한 모습을 보이면 청중은 당신의 강연에 흠뻑 몰입한다. 당신 스스로 즐기는 모습을 보일 때 청중도 당신과 함께 있는 시간을 즐긴다. 청중이 당신에게 호감을 느끼면 그들은 마음을 열고 당신의 주장을 받아들인다.

청중의 참여도를 높이는 가장 강력한 방법은 질문을 던지는 것이다. 사람들은 누구나 질문을 받으면 대답을 하도록 길들여져 있다. 가령 답을 모를지라도 혹은 대답하기 어려운 교묘한 질문이거나 수사적인 장치라 할지라도, 질문을 던지면 상대방은 당신에게 집중하게 되어 있다. 그는 답을 찾기 위해 마음속으로 열심히 생각한다. 그리고 당신이 제시하는 답이 무엇인지 알고 싶어서 열심히 귀를 기울인다. 예를 들어 나는 비즈니스맨들을 대상으로 강연을 할 때 그들의 주의를 집중시키기 위해서 흔히 이렇게 묻는다.

"미국에서 가장 고수익이고 가장 중요한 일이 뭘까요?"

처음에는 청중석이 조용해진다. 그러다가 여기저기서 "연예인이요" "영업이요" "전문 강사요" "스포츠맨이요"라고 대답한다. 이렇게 청중이 질문에 대한 답들을 말하고 나면 나는 미소를 지으면서 다음과 같이 이야기한다.

"미국에서 가장 수익성이 높고 가장 가치 있는 일은 '생각하기'입니다. 사람들이 하는 일들 중 생각하기는 가장 훌륭한 결과를 만들어내기 때문이죠. 훌륭하게 생각할수록 더 좋은 결정을 내리게 됩니다. 더 좋은 결정을 내리면 더 훌륭한 행동을 취하게 되죠. 더 훌륭한 행동을 취하면 더 유익한 결과를 얻게 되고, 삶과 일의 질도 높아집니다. 모든 것은 생각하기에서 시작됩니다."

그러고 나서 업계에서 가장 유능한 사람들의 생각하는 방법과 기술에 대해 이야기한다. 그리고 해당 업계에서 최고의 자리에 오른 사람들이 서로 다른 상황에서 어떤 식으로 생각하는지 그들의 방법을 알려준다. 강연 전체를 관통하는 이런 주제는 청중으로 하여금 완전히 강의에 몰입하게 만든다.

6) 시간과 속도 조절

규모에 상관없이 훌륭한 강연을 가장 잘 표현한 말은 '열정적인 대화'다.

수동 기어로 자동차 운전을 할 때를 생각해 보자. 강연을 할 때도 마찬가지로 끊임 없이 기어를 바꾸어야 한다. 더 빨리 말해야 할 때가 있고, 속도를 늦추어야 할 때가 있다. 크게 말해야 할 때가 있고 부드럽게 말해야 할 때가 있다. 목소리의 강도도 편안한 상태에서 열정적인 톤까지 조절해야 한다.

잠시 멈추었다가 계속하거나, 빠르게 말했다가 속도를 늦추는 등 말의 속도와 크기에 끊임없이 변화를 주면, 청중은 자동차 경주를 볼 때처럼 강연에 몰두하게 된다. 그리고 강연이 진행되는 내내 훨씬 더 흥미롭고 재미있다고 느낀다. 다른 생각을 하거나 지루해할 틈이 없다. 강연의 특정한 요소에 늘 변화를 주어라. 여기에 대해서는 8장에서 자세히 다루겠다.

대규모 청중을 대상으로 강연을 할 때, 당신은 거의 예외 없이 짧은 강연을 요청받는다. 대규모 청중이 모이는 경우가 많은 컨퍼런스에는 여러 명의 강사가 무대에 선다. 그렇기 때문에 여러 강사가 제한된 시간 안에 진행해야 한다. 예를 들어 내 친구는 최근에 홍콩에서 열리는 국제 컨벤션에서 12분짜리 강연을 해달라는 요청을 받았다. 주최 측에서 스케줄 상 할당할 수 있는 시간이 정확히 12분이었던 것이다.

강연에 포함되는 정보의 양은 주어진 시간의 길이에 따라 결정된다. 나는 30분짜리 강연을 요청 받으면 세 가지 핵심 내용으로 강연을 구성한다. 60분짜리 강연에는 다섯 가지, 90분짜리 강연에는 일곱 가지의 핵심 내용을 포함한다. 이런 가이드라인을 따르면 어떤 강연이라도 구성해 나갈 수 있다.

7) 요약과 맺음말

맺음말은 강연에서 가장 중요하며 가장 오래 기억에 남는 부분이기도 하다. 따라서 철저하게 계획하고 세심한 주의를 기울여야 한다. 오프닝 멘트와 맺음말은 반드시 철저히 외워서 자다가도 일어나서 줄줄 말할 수 있어야 한다. 맺음말은 문장 마지막에 등장하는 아주 명확한 마침표(혹은 느낌표)가 되어야 한다.

강연을 가장 간단하게 마무리할 수 있는 방법은 핵심 내용들을 요약하는 것이다. 핵심 내용들을 하나하나 다시 반복해서 이야기하고 물 흐르듯이 자연스러운 결론을 내려라. 마지막 발언은 '행동을 촉구하는' 것이어야 한다. 당신이 방금 전 발표했던 정보를 토대로 청중에게 어떠한 행동을 하도록 요청하는 것이다.

가장 중요한 원칙은 강력한 메시지 하나를 던지면서 마무리하는 것이다. 결론을 내리고 마지막 제안을 하면서 '세 마디 법칙'을 활용할 수도 있다. 인용을 하거나 시를 낭독함으로써 마무리하는 것도 좋다. 적절하다면, 강연 내용과 연관이 있으면서 주요 요점을 강조해 주는, 재미있는 농담으로 마무리하는 것도 효과적인 방법이다. 강력하게 마무리하는 방법은 11장에서 자세히 다루어 보겠다.

강연이 끝난 뒤에는 가만히 있어라

강연의 모든 내용을 전달했으면 말을 멈추고 청중을 향해 미소를 지으며 조용히 서 있어라. 초보 강사 시절에 나는 강연이 끝나고 나면 '감사합니다'라고 말하고는 즉각 무대에서 내려가는 방향을 찾으려고 주위를 두리번거렸다. 때로는 자료들을 뒤적이거나 정리를 할 때도 있었다. 나중에 알았지만 이런 행동은 청중을 불안하고 혼란스럽게 만든다. 그래서 지금은 강연이 끝나면 미소를 지으며 조용히 서 있으면서 이제 청중이 강연에 대한 마지막 반응을 보일 차례라는 사실을 알린다.

기다려라

계속해서 조용히 서 있으면 누군가가 박수를 치기 시작한다. 그러면 다른 사람이 따라서 치고 또 다른 사람이 따라서 치고 결국에는 모든 청중이 박수를 한다. 당신의 강연이 매우 훌륭했다면 한 사람이 박수를 하는 가운데 일어날 것이다. 그러면 그의 옆이나 뒤에 있던 사람도 따라 일어나고, 나머지 청중도 따라서 기립 박수를 할 것이다. 그때까지 당신은 기다려야 한다.

특별한 행사에서의 스피치

때로는 미리 알려주거나 준비를 할 시간도 주지 않은 채 특별한 행사에서 스피치를 해달라는 요청을 받을 때가 있다. 이러한 행사는 당신의 혹은 다른 사람들의 인생에서 중요한 순간이 될 수 있으므로 주의를 세심하게 기울여야 한다.

흔히 스피치를 해야 하는 특별한 행사는 (1) 시상식이나 축하연, (2) 소개나 감사 인사를 하는 공식 행사, (3) 생일이나 기념일, (4) 결혼식 그리고 (5) 장례식이다. 행사마다 당신이 가진 모든 기술을 동원해 감동적인 스피치를 해야 한다.

(1) 시상식이나 축하연

앞에 나가기 전에 어떤 말을 할지 생각해서 종이에 적는다. 시상식의 목적과 수상자의 업적을 확실하게 파악해서 적는다. 모든 사람이 당신을 바라보며 당신의 말에 주목한다. 특히 상을 받는 사람에게는 더욱 더 큰 관심을 기울인다. 당신이 그 조직에서 중요한 사람일수록 당신의 말이 갖는 영향력은 더 크고, 그 내용은 더 오래 사람들의 기억에 남는다.

다른 사람들 특히 동료들 앞에서 감사나 축하 인사를 받는 것은 매우 중요한 순간이다. 수상자의 귀중한 업적에 대해 충분히 파악하고 따뜻한 마음으로 이야기한다면 수상자와 그곳에 함께한 모든 사람에게 큰 감동을 줄 수 있다.

(2) 소개나 감사 인사

대중 강연이나 회의에서 당신이 강사를 소개해야 할 때는 책임감을 가지고 진지하게 해야 한다. 모든 사람이 당신만 바라보고 있기 때문이다.

강사를 소개하는 데 시간과 노력을 기울이면, 소개 자체가 강연보다 훨씬 더 나은 경우도 종종 있다. 소개말에 감동을 받은 회사 간부가 그 사람을 고위 간부나 업계의 중요한 강사에게 소개함으로써 더 좋은 기회를 주는 경우도 많다.

몇 년 전에 나는 대규모 청중 앞에서 조지 부시(George H. W. Bush) 전 대통령의 부인 바바라 부시(Barbara Bush) 여사를 소개한 적이 있다. 나는 철저하게 준비해서 아주 강렬 인상을 주는 소개를 했고 그 결과 그녀가 무대로 걸어 나올 때 기립 박수가 터져 나왔다. 이를 지켜본 부시 전 대통령은 나중에 나에게 직접 감사 인사를 했다. 결코 잊을 수 없는 경험이었다.

강연이 끝난 다음 강사에게 감사 인사를 해야 할 때가 있다. 이럴 경우에는 강연 내용의 핵심 내용을 필기해 두는 것이 도움이 된다. 감사 인사를 하러 무대에 올라갔을 때 강연을 보면서 느낀 점을 간단하게 소개하는 것이 가장 중요하다. 이를 테면 다음과 같이 말한다.

"훌륭한 강연에 감사드립니다. 아주 즐거운 시간이었습니다. 저에게 가장 좋았던 부분은…"

청중 앞에 서서 말하기를 훌륭하게 끝냈을 때 사람들은 자동적으로 당신을 똑똑하고, 말을 잘하고, 능력이 뛰어난 사람으로 생각한다. 그런 기대를 십분 활용하라.

(3) 생일이나 기념일

대부분 사람의 인생에서 생일이나 기념일은 매우 중요한 날이다. 이런 날 간단한 축사나 건배를 위한 인사말 하는 것을 제안받았다면 철저히 준비해야 한다. 먼저 주인공과 대화를 나누며 그의 인생에 대해 물어보라. 다른 사람들에게 물어보아서 축사에 집어넣을 만한, 잘 알려지지 않은 사실을 알아내라.

축사를 할 때는 분위기를 띄우며 축하의 인사를 전한다. 주인공을 곤란하게 만드는 농담은 금물이다. 그의 기분이 좋아지게 만들어라. 그렇게 하면 그 자리에 참석한 사람들도 함께 기분 좋은 시간을 보낼 수 있다.

(4) 결혼식

결혼식은 한 사람의 인생에서 그리고 신랑 신부의 부모의 인생에서도 가장 중요한 시간이다. 당신이 한 말이나 표현은 오랜 시간 사람들에게 기억될 것이다. 따라서 세심한 주의를 기울여 준비하라.

몇 년 전 나는 어떤 훌륭한 지인의 자녀의 결혼식에 초대를 받았다. 그들은 소득이 높지 않았기 때문에 예산이 한정되어 있었다. 부부는 스물세 살의 정비공인 아들에게 스물다섯 살인 누나의 결혼식을 축하하는 축사를 부탁했다. 결혼식의 분위기는 유쾌했다. 모두가 즐겁게 먹고 마시며, 결혼에 대한 약간은 저속한 농담도 하며 웃고 떠들었다. 그러나 동생이 축사를 하기 위해 일어나자 모두들 그가 진지하게 축사를 준비했음을 알아차렸다. 동생이 누나에 대한 이야기를 시작하자 좌중이 조용해졌다. 동생은 15분 동안 그들이 함께 자라온 이야기와 누나가 얼마나 훌륭한 여성인지를 이야기했다. 동생은 지난 날을 되돌아보며 어린 시절과 부모님에 대해, 남매로서 공유해온 추억들을 이야기했다. 그가 잔을 들고 "사랑과 행복이 가득한 인생을 위해서"라고 외쳤을 때 모든 사람의 눈가는 촉촉해져 있었다.

결혼식의 축사는 시대를 막론하고 변함없이 사용되는 표현들로 말하라. 사랑, 헌신 평생의 행복에 대해서만 언급하라. 신랑과 신부를 위해 진심으로 기뻐하고 그들의 앞날에 축복을 빌어 주어라. 당신의 축사는 그들에게 중요한 의미로 남을 것이다.

(5) 장례식

가끔은 친구나 가족의 장례식에서 추도문을 낭독해야 할 때가 있다. 두 가지 이유 때문에 추도문은 미리 정확하게 작성해 두어야 한다. 첫째, 추도문을 읽어내려 가면서 당신의 감정이 매우 격해질 수 있기 때문이다. 미리 적어 놓지 않으면 평정심을 잃게 된다. 둘째, 세심하게 준비한 추도문의 경우 조문객들이 그것을 복사해서 간직하고 싶어 하기 때문이다.

추도문을 읽을 때는 한마디 한마디 정확하게 천천히 낭독한다. 소요시간은 5~8분을 넘어가면 안 된다. 추도문을 작성할 때는 고인이 얼마나 훌륭하고 정직하며 다정한 사람이었는지 언급하면서 시작하라. 그리고 가족들이 고인에게 얼마나 중요한 존재였는지를 이야기하고, 고인의 살아온 인생과 성취한 업적을 이야기한다. 마지막으로 슬픔과 회한을 표현한 뒤 다음과 같은 말로 마무리한다.

"우리는 그가 우리에게 남긴 정신적 유산과 공헌을 절대 잊지 않을 것입니다."

고인에 대한 추도사를 하는 것은 당신이 할 수 있는 가장 중요한 말하기 중 하나다. 세심하게 계획하고 준비하라.

요약

　대규모 청중 앞에서 이야기하기는 당신이 경험할 수 있는 매우 어려우면서도 흥미진진한 일들 중 하나다. 오늘도 전 세계에서 수천 명의 강사가 대규모 청중 앞에서 강연을 하고 있다. 그것은 습득할 수 있는 기술이다. 스피치를 전달하는 방법은 스피치의 내용만큼이나 중요하다는 사실을 잊지 말라. 준비와 연습을 철저히 해서 훌륭한 대중 연설을 하는 법을 터득한다면, 당신은 해당 분야에서 가장 설득력 있고 영향력 있는 강사가 될 수 있다.

Chapter 8

강력한 목소리 테크닉

> 그는 최고의 연설가다…
> 그는 청중을 가르치고 기쁘게 하며, 청중의 마음을 움직인다.
>
> - 키케로(Cicero)

말하기를 할 때 목소리는 가장 중요한 도구다. 악기를 다루듯이 목소리를 구사하는 방법을 배우면 어떤 대화나 스피치에서도 당신의 영향력과 설득력을 높일 수 있다.

노래하는 사람들은 더 좋은 목소리와 공명을 얻기 위해 며칠을, 혹은 몇 달이나 몇 년을, 매일같이 적지 않은 시간을 투자해 목소리 훈련을 한다. 당신도 그들처럼 훈련을 해야 한다. 강렬한 목소리는 깊고, 듣기 좋고, 힘이 있다. 그런 목소리에는 에너지와 힘이 가득 차 있다. 힘과 확신을 가지고 말을 하면, 당신이 주제에 대해 잘 알고 있으며 주장하는 요점의 중요성을 진심으로 믿고 있다는 느낌이 전달되어, 듣는 사람들로 하여금 당신을 믿고 당신의 의견을 쉽게 받아들이게 만든다.

천천히 말하라

천천히 말하면 목소리에 자신감과 권위가 실린다. 뿐만 아니라 듣는 사람들은 당신의 말을 받아들이거나 곰곰이 생각할 시간을 갖게 된다. 천천히 말하는 사람은 자신감을 뿜어내고, 그의 말 한마디 한마디가 중요하게 느껴진다. 타인에게 영향력을 미치는 사람들은 천천히 말하고, 발음을 분명하게 하고, 자신의 생각을 자신 있게 표현한다. 크고 자신감 넘치는 목소리로 말을 할 때 상대방을 설득할 수 있고 감동을 줄 수 있다.

반면 너무 빠르게 이야기하면 목소리가 점점 높아지면서 목이 갈라지는 소리나 어린 아이 같은 소리가 나기도 한다. 그러면 청중은 강사가 이야기하는 내용이 그다지 중요하지 않거나 가치가 떨어진다고 평가하게 되고, 결국 청중에게 미치는 영향력은 감소된다.

반드시 에너지를 담아라

훌륭한 스피치의 가장 중요한 요소는 에너지다. 사람들은 종종 스피치를 '열정적인 대화'라고 표현한다. 더 멀리에 있는, 더 많은 사람에게, 높은 수준의 에너지를 발산하는 대화라는 의미다.

몇 년 전 나는 올랜도에 있는 한 신축 호텔에서 3,000명의 청중을 대상으로 강의를 한 적이 있다. 음향 시설 역시 새로 설치되었기 때문에 혹시 발생할지도 모를 사고를 대비해 두 개의 마이크를 연결해 놓았다. 그런데 강의가 시작되고 5분이 지나지 않아 마이크 두 개가 모두 작동하지 않았다.

강연장은 사람들로 가득 차 있었고 일정은 빡빡했다. 나는 마이크 없이 강연을 진행하기로 결심했고 회의장 전체에 내 목소리가 들리도록 큰 소리로 이야기를 했다. 결국 나는 무사히 강연을 마쳤다. 90분 동안 나는 강연장의 마지막 줄까지 들리도록 목소리를 높였다. 그러고 나서 탈진한 상태가 되었다. 90분은 고사하고, 짧은 시간 동안만이라도 계속해서 큰 소리로 이야기하는 것은 엄청난 양의 에너지가 소모되는 일이다. 다행인 것은 발표 내용을 복사해서 수천 명의 사람에게 배포할 정도로 강연에 대한 반응이 좋았다는 것이다.

음향 설비를 확실히 점검하라

청중의 규모가 크든 작든, 강연을 할 때에는 가장 뒤에 앉아 있는 사람에게까지 들리도록 목소리를 내야 한다. 맨 뒷자리까지 들리게 목소리를 내면 당신의 앞에 앉은 모든 사람이 당신에게 완벽하게 집중한다.

강연을 할 때 음향 시설은 가장 중요한 도구다. 미리 철저하게 점검해야 한다. 강연장을 구석구석 다니면서 혹시나 소리가 잘 들리지 않는 지점은 없는지 살펴본다. 모든 공간에 소리가 제대로 전달되는지 확실하게 점검하라.

당연한 것은 없다

요전에 나는 필라델피아에서 800명을 대상으로 하는 하루짜리 세미나를 진행했다. 과거에도 같은 강연장에서 강연을 한 적이 있었다. 나는 음향 시설을 미리 점검했고 문제 없이 작동되었다. 그런데 강연을 시작하자 뒤편의 절반 정도 되는 청중이 손을 흔들며 소리가 잘 들리지 않는다고 했다. 청중의 절반이 화가 나 있고 불평을 하는 와중에, 차분하고 자신 있게 강연을 진행하는 일은 불가능하다. 문제는 음향 시설 담당자가 회의실 뒤편의 스피커 스위치를 켜지 않았기 때문이었다. 그냥 잊어버렸던 것이다. 세미나가 시작되었을 때 음향 시설 담당자들은 다른 곳으로 가버리고 없었다. 이런 사고는 흔히 벌어진다. 30분 후에야 문제를 발견하고 시정할 수 있었다. 그동안 나는 거의 고래고래 소리를 지르다시피 강연을 해야 했다.

음향 시설은 중요하다

얼마 전 나는 1,500명을 대상으로 컨벤션 센터에서 세미나를 하게 되었다. 그 컨벤션 센터는 내가 이전에 여러 차례 아무 문제 없이 강연을 진행하던 곳이었다. 그런데 이번에는 컨벤션 센터 측에서 제공한 곳은 기존에 우리가 사용했던 연회장이 아닌 전시실이었다. 연회장은 바닥에 양탄자가 깔려 있고 방음 천장으로 되어 있는 반면, 전시실은 매끄러운 콘크리트 바닥에 천정은 비행기 격납고처럼 높아 소리가 울리고 알 수 없는 잡음이 발생했다. 강연을 시작하자 앞의 몇몇 줄을 제외하고는 모든 사람이 내가 하는 말을 알아들을 수 없었다. 청중석에서는 불만이 터져 나왔고 많은 사람이 자리를 떴다. 일부는 세미나 기획자에게 따지러 가기도 했다. 세미나 장소는 그야말로 아수라장이었다.

음향 설비를 완비한 후 강연을 진행하라

컨벤션 센터 측 사람들은 으레 그렇듯이 음향 시설에는 아무 문제도 없고, 자신들로서는 어떻게 할 방법이 없다고 말했다. 우리는 음향 시설이 없는 방에 갇힌 셈이었다. 또한 이 세미나에 참석하기 위해 하루의 일을 접고 온 사업자들로 가득 찬 방에 갇혔다. 그들 중 다수는 먼 거리에도 불구하고 세미나에 참석한 사람들이었다.

나에게는 청중을 만족시키는 것이 가장 중요한 문제였으므로 책임자로서 해야 할 결정을 내렸다. 나는 서둘러 컨벤션 센터 직원과 의논해서 2주 후에 양탄자가 깔린 방을 사용할 수 있다는 것을 알아냈다. 그리고 나서 청중에게 오늘 세미나는 부득이한 사정으로 취소되었고 2주 후에 재개된다고 알렸다. 불편을 끼친 데 대한 사과의 뜻으로 모든 참석자가 다음 세미나 때 추가 비용 없이 1명을 더 동반할 수 있도록 조치를 취했다.

일부 참석자들은 매우 불쾌해했지만 다행히 대부분은 세일즈맨과 기업가로서 상황에 유연하게 대처했다. 그들은 그 자리에서 해결할 수 없는 상황이라는 것을 받아들이고 2주 후에 다시 세미나를 진행하는 데 동의했고 실제로 참석했다. 2주 후에 우리는 양탄자가 깔린 연회장에서, 사전에 음향 설비를 완벽히 점검한 뒤 원활하게 세미나를 진행했다.

부족한 음향 설비에 대비하라

호텔이나 컨벤션 센터는 비효율적인 음향 설비를 갖춰 놓는 경우가 흔히 있다. 호텔을 건축할 때 흔히 예산을 초과하는 경우가 많기 때문에 건축비를 절감할 수 있는 요소를 찾는데, 거의 대부분 음향 설비와 에어컨 시스템 설비에서 찾는다. 음향 설비만큼이나 열악하고 적절하지 않은 에어컨 시스템을 갖춘 호텔과 강연 장소가 꽤 많기에 놀랄 수밖에 없다.

나와 함께 일했던 강연이나 세미나 기획자들은 대부분 자체적으로 스피커와 음향 설비를 가져와 설치했다. 그렇게 하면 비용은 좀 더 들지 몰라도 형편없는 음향 설비로 인해 청중이 실망하거나 격분하지 않도록 해 준다.

목소리의 힘 키우기

사람의 목소리는 근육과 같다. 훈련과 반복된 사용으로 더 강력한 목소리를 만들 수 있다. 성량이 부족한 사람도 오랫동안 훈련을 거듭한 끝에 자신감 있게 상대를 설득할 수 있는 강사가 되는 경우도 많다.

목소리의 힘을 기르는 방법 중 하나는 시를 큰 소리로 낭송하는 것이다. 당신이 특히 좋아하는 시를 한 편 골라서 외운 뒤, 운전을 하거나 산책을 할 때 규칙적으로 암송하라. 시를 암송할 때는 여러 사람 앞에서 극적인 프레젠테이션을 한다고 상상하라. 말에 감정과 힘, 강세와 에너지를 담아서 천천히 암송하라. 각 행의 단어 하나하나마다 강세를 달리해서 읽어 보면 행의 의미가 다르게 느껴질 것이다. 하나하나의 단어가 피아노의 건반이라고 상상해 보라.

　내가 가장 좋아하는 시인은 로버트 W. 서비스(Robert W. Service)다. 그의 시는 압운과 두운이 훌륭하기 때문에 쉽게 이해하고 외울 수 있다. 한 번 그의 시를 외워 놓으면 평생 잊어버리지 않고 암송할 수 있다. 시의 각 행을 암송할 때마다 무대 위에서 공연하는 것처럼 한다면 그 시를 읽는 실력만 향상되는 것이 아니라 실제 무대에 올랐을 때 훨씬 설득력 있게 스피치를 할 수 있게 된다.

　목소리의 힘을 키울 수 있는, 또 다른 방법은 큰 소리로 희곡을 낭송하는 것이다. 특히 셰익스피어의 희곡의 독백들이 도움이 된다. 나는 고등학교 때 셰익스피어의 『줄리어스 시저』에서 마르쿠스 안토니우스가 장례식에서 연설한 내용을 모조리 암기했다. 나는 아직도 그 연설을 외우고 있다. 연습을 위해, 그리고 강연 전에 목을 풀기 위해 지금도 이 연설을 암송하기도 한다.

자신의 목소리를 녹음해서 들어보라

　자신감 있게 말하는 능력을 키울 수 있는 방법은 자신의 목소리를 직접 녹음해서 들어보는 것이다. 자신의 목소리를 반복해서 들으면서 발음과 어투, 속도를 개선할 부분을 찾아보라.

　나는 프레젠테이션 기술을 가르칠 때 사람들에게 일어나서 자신의 인생에서 가장 편안하게 느껴지는 부분을 이야기해 보라고 한다. 그러면 자기 직업에 대해 이야기하는 사람들도 있고 아이들에 대해 이야기하는 사람들도 있다. 어떤 사람들은 최근에 자기가 겪은 일에 대해 이야기하기도 한다. 나는 참여자들에게 이야기를 할 때 큰 소리로 힘있게 하라고 주문한다. 그리고 중요한 부분을 강조할 때는 손짓과 몸짓을 사용하라고 알려준다. 그런 다음 그들의 짧은 발표를 녹화해서 그들에게 보여준다. 녹화된 비디오를 본 참여자들은 거의 대부분 깜짝 놀란다. 소수의 사람 앞에서 한 자신의 발표가 얼마나 형편 없는지 전혀 모르고 있었기 때문이다.

일상적인 대화와는 다른 대중 스피치

대중을 대상으로 하는 스피치의 경우 사람들은 흔히 이런 실수들을 저지른다. 작은 소리로 말하거나, 빨리 말하려다가 말을 더듬거나, 중간에 너무 뜸을 들이거나 혹은 한 번도 쉬지 않고 이어서 말하거나, '음…' 같은 불필요한 말을 계속 사용하거나, 불안해 보이거나 불필요한 보디랭귀지를 사용하는 것 등이다.

나는 말하기 기술을 배우는 사람들에게 더 생생하고 활발하게 그리고 열정적으로 발표를 해 보라고 한 뒤 그들의 발표 장면을 녹화해서 보여준다. 그러면 그들은 굉장히 과감하고 활발하게 취했던 자신의 움직임이 실은 소극적이고 남의 눈을 의식한 움직임에 불과했다는 사실을 알고 깜짝 놀란다.

충분히 크게 말하라

청중 앞에서 당신의 목소리를 충분히 들리게 하려면, 핵심 내용을 이야기할 때는 거의 고함을 지르다시피 최대한 크게 말해야 한다. 두 팔을 앞으로 활짝 펼쳤다가 다시 양 옆으로 가져온다. 이런 모습을 녹화해서 보면 자신의 모습이 얼마나 소극적이고 자기만족에 불과한지 깜짝 놀라게 될 것이다. 나의 아내 바바라는 아버지가 야간 근무를 하셨기 때문에 주로 낮에 주무셨다고 한다. 그래서 바바라와 형제들은 항상 "조용히 해"라는 소리를 들으면서 자랐다. 그들은 소근소근 말하고 걸어 다닐 때는 발뒤꿈치를 들고 걸어 다니는 것이 습관이 되었다. 바바라는 여러 사람 앞에서 말하는 법을 배우면서 크게 말하는 연습을 하기 시작했다. 그녀는 자신이 목소리를 높여서 말하면 고함을 지르는 것처럼 느꼈다. 하지만 녹화를 해서 보니 고함을 지르는 것처럼 느꼈던 그녀의 목소리는 일상적인 대화를 할 때보다 조금 더 큰 소리였을 뿐이다. 바바라는 이 사실을 알고는 놀라워했다. 당신의 모습을 녹화해서 보면 당신도 깜짝 놀랄 것이다.

녹화 화면을 보면서 개선하라

강사로서 가장 빨리 실력을 향상시킬 수 있는 최고의 방법은 자신의 발표를 녹화한 화면을, 당신에게 솔직하게 조언해 줄 수 있는 사람과 함께 보는 것이다. 녹화된 화면을 30초, 60초 간격으로 끊어서 보라. 특정한 내용에 대해서 목소리와 몸짓을 어떻게 바꾸면 더 효과적으로 전달될 수 있을지 논의하라. 화면을 멈추고 그 장면에서 당신이 이야기한 부분을 다시 말해 보라. 똑같은 발표를 할 기회가 다시 주어진다면 어떻게 할지 생각해 본 후 그대로 말해 보라.

전화 통화 내용을 녹음하라

전화 통화하는 목소리를 녹음해서 다시 들어보는 것도 목소리의 힘을 키울 수 있는 방법 중 하나다. 전화 통화를 할 때 자신이 얼마나 문법에 맞지 않게, 머뭇거리며, 불분명한 말을 많이 하는지 알게 될 것이다. 그러나 다행스럽게도 계속해서 자신의 목소리를 녹음해서 들어보면, 이전에 비해 조금씩 어투나 표현이 개선되고 있다는 사실을 발견하게 된다.

휴지(休止)의 힘

말하기에서 가장 강력한 목소리 테크닉은 '휴지(休止)의 힘'이다. 음악의 아름다움은 소리들 사이의 고요함에 담겨 있듯이, 말하기의 극적인 힘은 핵심 내용 사이에 만들어 내는 휴지에 담겨 있다. 이것은 연습을 통해 얼마든지 습득할 수 있는 기술이다.

많은 사람이 말을 하기 위해 대중 앞에 서면 긴장한다. 그 결과 목소리가 높아지면서 빠른 속도로 쉬지 않고 말을 하게 된다. 반면 마음을 가라앉힌 상태에서는 더 느리게, 규칙적으로 중간에 휴지를 두면서, 더 깊고 권위 있는 목소리로 말한다. 발표에 영향력을 더해 주는 네 가지 종류의 휴지에 대해 살펴보자.

(1) 집중의 휴지

문장이 끝나거나 소주제가 끝나면 주기적으로 잠시 멈추는 것으로, 사람들이 새로운 정보를 잘 받아들이고 당신의 강연 내용을 잘 따라갈 수 있게 한다. 사람들은 세 문장 이상 연이어서 듣게 되면 정신적으로 과부하에 걸린다. 바로 그때 주의가 흐트러지고 강사의 말을 흘려 듣게 된다. 정신이 산만해져서 주의를 다시 집중시킬 수 있는 무언가를 하지 않으면 안 된다.

휴지는 듣는 이의 주의를 집중시키는, 최고의 방법이다. 당신이 말을 하다가 잠시 멈추면, 듣는 이들도 모든 것을 멈추고 당신이 만들어낸 고요함 속으로 빠져든다. 그리고 바로 다시 당신에게 주의를 완전히 기울인다. 당신이 말을 멈출 때마다 청중은 다시금 당신의 이야기에 집중한다.

(2) 극적 효과를 낳는 휴지

특정한 핵심 내용을 상대방에게 확실히 심어주고 싶을 때 사용한다. 요점을 이야기하기 직전이나 직후에 잠깐 멈추면 사람들은 당신이 한 말의 중요성을 인식하게 된다.

(3) 강조의 휴지

핵심 내용을 강조할 때 사용한다. 예를 들어 나는 세미나를 진행하는 도중에 종종 말을 멈추고 "이 회의장에서 가장 중요한 사람은 누구죠?"라고 정말 궁금하다는 듯이 묻는다. 그다음에 잠시 멈추고 사람들이 서로 앞다퉈 대답할 때까지 기다린다. 어떤 사람은 "바로 저입니다!"라고 대답하고 또 어떤 사람은 "당신입니다!"라고 대답하기도 한다. 나는 의도적으로 잠시 멈추었다가 청중 모두를 가리키며 "맞습니다! 여러분이 이 회의장에서 가장 중요한 사람입니다"라고 말한다.

그리고 다시 잠깐 멈추어서 그 말이 사람들의 마음에 새겨질 수 있도록 기다린다. 그 다음에 다음과 같이 말을 잇는다.

"당신은 전 세계에서 가장 중요한 사람입니다. 당신 인생의 모든 사람에게 당신은 중요한 사람입니다. 자신이 얼마나 중요한지 깨닫는 정도에 따라 인생의 질이 결정됩니다." 그런 다음 자존감과 자긍심의 중요성을 설명하면서, 자기 자신에 대한 생각이 가정이나 사회에서 그 사람이 사람들과 맺는 관계의 질을 결정한다고 이야기한다.

(4) 문장 완성의 휴지

사람들이 잘 아는 말이나 어구를 인용할 때 휴지를 사용한다. 당신이 문장의 처음 절반을 말하면 듣는 사람들은 당신과 함께 문장의 나머지를 완성시키려고 집중하게 된다. 이렇게 사람들은 당신과 말하는 이에게 더 집중하고 내용에 귀를 기울이게 된다.

나는 갈수록 경쟁이 치열해지는 업계에서 살아남기 위해서는 끊임없이 경쟁력을 높여야 한다는 점을 이야기할 때 이렇게 말한다. "상황이 어려워질수록 강한 사람들은…"이라고 말한 뒤 잠시 말을 끊고 기다린다. 그러면 사람들은 "…계속 나아간다"라고 말하며 문장을 완성시킨다.

이 기술을 사용할 때는 사람들이 목소리를 높여 문장을 완성할 때까지 기다리는 연습을 해야 한다. 그리고 문장을 다시 한 번 말함으로써 확실하게 마무리한다. 그러면 청중은 한 사람도 빠짐 없이 당신에게 집중할 것이다.

목소리의 톤

특정한 부분을 강조하고 싶을 때는 더 크게 더 힘차게 말해야 한다. 강하게 강조하며 말할수록 듣는 사람들은 그 내용을 훨씬 중요하게 받아들인다. 반면 민감하고 감정적인 내용은 목소리를 낮추고 친근한 어조로 말해야 한다.

훌륭한 스피치는 말하는 속도가 빨라지거나 느려지기도 하고, 목소리가 커지거나 부드러워지기도 한다. 극적인 효과와 강조를 위해 또는 듣는 사람의 이해를 돕기 위해 다양한 지점에서 휴지를 활용하기도 한다. 이렇게 목소리의 다양한 요소를 변화시키면 주면 사람들은 주제에 상관 없이 더 큰 흥미를 느끼고 더 즐겁게 강연에 집중할 수 있다.

목소리 상태를 관리하는 법

목소리는 말하고 설득하기 위한 도구다. 목소리를 최상의 상태로 유지하기 위해서는 몇 가지 일을 해야 한다.

에너지가 있어야 스피치를 잘할 수 있고 목소리를 잘 낼 수 있다. 짧은 스피치가 예정되어 있을 때는 가볍게 먹는 것이 좋다. 그래야 강연을 할 때 활기 있고 총명하게 할 수 있고 두뇌 기능도 최고 수준으로 발휘할 수 있다. 반나절이나 하루 종일 진행되는 일정을 앞두고 있을 때는 잘 먹는 것이 중요하다. 단백질을 섭취하는 것이 가장 좋다. 단백질 식품으로 구성된 아침 식사나 점심 식사를 하면 네다섯 시간 동안 충분히 쓸 수 있는 에너지를 얻을 수 있다. 단백질은 두뇌 기능을 향상시키는 역할을 한다. 효과적으로 생각하고 말하기 위해서는 단백질을 섭취해야 한다. 목소리를 강하게 해주고 정신을 맑게 유지하는 데 꼭 필요하다.

최상의 목소리를 내기 위해서는 강연을 하기 전이나 진행하는 동안 실내 온도와 비슷한 온도의 물을 마셔야 한다. 흔히 얼음과 같이 나오는 찬물은 성대를 차갑게 해 따뜻한 목소리가 나오는 것을 방해한다.

목소리가 잘 나오지 않을 때가 있다. 목이 아프면 분명하게 말하거나 청중석의 마지막 줄까지 목소리를 내는 것이 쉽지 않다. 그럴 때는 뜨거운 물에 꿀과 레몬즙을 넣어 마셔라. 나는 이 방법으로 여러 번 큰 효과를 보았다.

나는 오래 비행기를 타거나 잠을 잘 자지 못해서 목이 아픈 경우가 1년에 한 번씩은 생긴다. 하지만 세미나를 하는 동안 꿀과 레몬즙을 넣은 뜨거운 물로 계속해서 목을 축이면 성대의 상태가 좋아지고 목소리는 다시 강하게 돌아온다. 나는 목이 아픈데도 불구하고 아침부터 저녁까지 8시간 동안 강연을 할 수 있었던 경험이 있다. 꿀과 레몬즙을 넣은 뜨거운 물로 끊임없이 성대를 마사지해 주었기 때문이다. 여러분도 이 방법을 활용해 보길 바란다.

요약

악기처럼 목소리를 훈련해서 사용하고, 목소리의 톤과 속도를 필요에 따라 다양하게 조절하고, 강연 중간 중간에 말을 잠시 멈춘 뒤 기다리고, 청중석의 제일 뒷줄까지 들리도록 신경 써서 이야기한다면 어떤 상황에서도 설득력 있게 말할 수 있다.

Chapter 9

프로 강사의 비법

> 사람이 가질 수 있는 최상의 만족은
> 자신이 무언가를 최고의 수준으로 잘할 수 있음을 아는 데서 온다.
>
> - 오르테스 오들럼(Hortense Odlum)

현재 미국에서 직업적으로 강연을 하는 전임 및 시간제 강사는 1만 명 정도다. 그중 20%가 전체 강사가 버는 총 수입의 80%를 벌어들인다. 그러니까 2,000명의 강사의 수입이 나머지 8,000명의 수입을 다 합한 것보다 4배나 많다는 뜻이다.

상위 20%의 상위 20%(전체 강사의 4%에 해당하는, 약 400명의 사람)는 그 최고 강사들이 받는 수입의 80%를 번다. 상위 20%의 상위 20%에서도 상위 20%는(전체 강사의 약 0.8%로 80명 정도) 20분짜리 강연에도 2만 5,000달러 이상을 받는다. 이들은 거의 빈틈없이 강연 일정이 잡혀 있고 연간 수입은 매년 100만 달러 이상이다.

미국에서 강연을 진행하는, 평균 수준의 트레이너는 하루에 500달러 미만을 받지만, 최고로 잘나가는 강사들은 비슷한 주제에 대해 강연해도 회당 2만 5,000달러나 5만 달러, 심지어 10만 달러를 받는다. 이처럼 별볼일 없는 보수를 받는 강사와 천문학적 수준의 보수를 받는 강사의 차이는 도대체 무엇인가? 나는 이 문제에 대해 25년 넘게 고민하고 연구해 왔다.

고소득 강사들

먼저 대부분의 고소득 강사는 '유명 강사'다. 이들은 정치나 스포츠, 비즈니스 등 특정 분야에서 이룬 업적으로 유명해진 사람들이다. 베스트셀러 저자도, 비록 잠시 동안이지만, 높은 수준의 강연료를 받는 유명 강사가 되기도 한다.

대부분 강연 기획자나, 조직이나 협회 또는 비즈니스 회의에서 연설이나 발표를 하는 고위 간부가 강사를 섭외한다. 강연 기획자는 컨벤션이나 회의에 가능한 한 많은 사람을 참석시켜야 한다. 조직의 연례회의는 보통 기획자들에게 매우 중요한 재원이 된다. 여기서 한 해 조직의 운영 대한 동의를 얻는 데 강사들을 활용한다. 유명 강사일수록 더 많은 사람이 등록하고 참가비를 내고 연례 회의에 참석할 것이다.

노먼 슈워츠코프(Norman Schwarzkopf) 장군은 1991년 걸프전에서 '사막의 폭풍' 작전을 성공적으로 지휘한 인물이다. 그는 은퇴한 뒤 바로 리더십 분야에서 최고의 강사가 되었다. 그는 미국 전역과 캐나다, 그리고 전 세계의 기업이나 조직체의 초청으로 연간 1,000회 이상의 강연을 한다. 그의 강연료 수준은 1회당 10만 달러 이상을 꾸준히 유지하고 있다.

슈워츠코프는 뉴욕에서 공식 퇴임식을 마친 후 민간인으로서 처음으로 연설을 하게 됐다. 그가 그 오찬 연설 한 번으로 번 돈은, 그가 33만 명의 병력을 이끌고 '사막의 폭풍' 작전을 지휘했던 시절에 받은, 6개월치 급여보다 많았다.

직업적 강사들

최고 수준의 아래 단계 강사는 보수 수준은 높은 편이지만 유명하지는 않은 사람들이다. 이들은 많은 회사나 조직에서 중요하게 여기는 주제에 대해 매우 효과적인 강연 활동을 하고 있다. 대부분 자기 분야에서 성공한 뒤 전문 강사의 길로 뛰어든 업계의 전문가인 경우가 많다. 이들은 직업적 강사로서 비즈니스, 세일즈, 경영, 리더십, 자기 계발이나 직업 전문성 계발 등을 주제로 재미있게 강의를 한다. 청중을 끊임없이 즐겁게 해주기 때문에 이들에 대한 강연 요청은 끊이지 않으며 갈수록 명성이 높아진다.

최고 강사들의 두 가지 자질

유명하든 유명하지 않든 최고의 강사들은 중요한 자질 두 가지를 갖추고 있다.

(1) 큰 열정과 활력

최고의 강사는 청중과 열정적으로 대화한다. 그들은 따뜻하고 다정하고 호감이 가는 유형의 사람들이다. 그들은 청중 앞에서 강연하는 일을 즐거워하고, 청중을 친구나 동료로 대하며 자신의 아이디어를 공유한다.

(2) 훌륭한 강연 내용과 탁월한 전달 능력

강사의 강연을 듣는 것은 일종의 '인포테인먼트(Infotainment: 정보와 오락을 합성해 만든 신조어, 정보오락)이며, 청중은 언제나 새로운 아이디어를 듣고 배우는 데 흥미를 느낀다. 따라서 최고의 강사는 알차고 훌륭한 내용을 전달한다. 강사의 장기적인 성공 여부는 얼마나 설득력 있고 많은 사람이 공감할 수 있는 강연을 하느냐에 달려 있다. 훌륭한 강사는 청중이 고개를 끄덕이며 얼마나 훌륭한 강연이었는지 감탄을 하며 강연장을 나서게 해야 한다. 그 강사의 강연을 다시 듣고 싶어 하도록 만들어야 한다.

최고 강사가 되기 위해 해야 할 일

최고의 강사들이 최고의 위치에 오를 수 있었던 이유를 알면, 설령 당신이 전문 강사가 될 생각이 없다고 해도, 훌륭한 말하기를 하는 데 훨씬 많은 도움이 될 것이다. 그들에게는 몇 가지 규칙이 있다.

강연 기획자를 만족시켜라

강사에게 꾸준히 강연 요청이 들어오도록 해주는, 가장 중요한 요인은 입소문이다. 강연 기획자는 강사를 섭외하기 전에 그 강사가 많은 참석자를 모을 수 있고 청중을 만족시킬 수 있는지 확신이 서야 결정을 내린다. 특히 강연료가 비싼 강사라면 더욱 그렇다.

그래서 강연 업계에서는 '강사는 강연 기획자를 성공하게 해야 한다'는 말을 한다. 강연 기획자가 훌륭한 강사를 초빙해서 참석자들을 만족시키면 참석자들은 훌륭한 강사를 선택한 회사 간부들을 칭찬할 것이다. 그 결과 강연 기획자는 좋은 평가를 받고 승진을 하거나 보너스를 받기도 하고, 강사를 다시 초청하거나 다른 업체에 소개해 주기도 한다.

나는 〈포춘〉 100대 기업에 선정된 한 기업의 연례 회의에 연사로 초청된 적이 있다. 그 회사 사장의 비서가 나의 팬이어서 사장에게 연례 회의의 기조 연설자로 나를 추천했던 것이다. 내 이름을 들어본 적도 없었던 사장은 알지도 못하는 강사를 그토록 중요한 회의에 초빙한다는 것에 선뜻 동의할 수 없었다. 그러나 그녀는 후회 없는 선택이 될 것이라면서 끝까지 사장을 설득했다.

강연은 성공적으로 진행되었고 나는 기립 박수를 받았다. 몇 주 뒤 나는 그 비서로부터 사장이 나의 강연에 대해 매우 흡족해했고, 자신은 관리자급으로 승진한 데다 임금도 4,000달러나 인상됐다는 내용의 편지를 받았다.

강사의 명성은 그것이 긍정적이든 부정적이든 빨리 퍼진다. 사람들은 당신이 가장 마지막으로 한 강연을 보고 당신의 실력을 판단한다. 기획자가 전문 강사를 초빙할 때는 자신의 상사와 청중을 동시에 만족시킬 수 있다는 확신이 서야 한다.

다른 강사들을 만나라

당신의 목표가 그저 회사나 친목 모임에서 말을 잘하게 되는 것에 불과할지라도, 최고 강사들을 모델로 삼아 그들로부터 배워야 한다. 전문 강사들처럼 가능한 한 많은 강연과 세미나에 참석해야 한다. 메모를 하고, 강사들이 강연을 시작하기 전에 청중과 교류하는 모습과 무대에 서서 강연을 하는 모습을 관찰하라.

강연회나 세미나에 참석할 때는 무슨 수를 써서라도 강사와 직접 만나서 악수를 하고 인사를 나누어라. 세미나에 와줘서 감사하다는 인사를 하고 다음 강연이 기대된다고 말하라. 이렇게 직접 만나는 것은 분명 당신에게 영향을 미치고 당신이 더욱 훌륭한 강사로 발전하는 데 도움이 된다.

연구하고 조사하고 준비하는 데 시간을 투자하라

유명 강사나 전문 비즈니스 강사들이 많은 수입과 명성을 얻기 위해서는 몇 가지 규칙을 반드시 지켜야 한다. 그 첫 번째는 내가 이미 앞에서 여러 번 강조한 것처럼 철저하게 준비하는 것이다. 1시간짜리 강연을 위해서 읽고, 검토하고, 재구성하고 연습하는 데 10시간을 투자하는 것은 드문 일이 아니다.

최고 강사는 청중에 관해 얻을 수 있는 정보란 정보는 모두 수집한다. 나이, 직업, 배경 등에 대해 미리 파악한다. 이전에 같은 청중에게 강연한 적이 있는 강사들에 대한 정보와, 그들에 대한 청중의 반응도 알아본다. 청중의 소득 수준과 맡은 업무도 기본적으로 파악한다.

또한 강연을 요청한 회사의 홍보물이나 다른 정보와 회사의 웹사이트도 꼼꼼히 검토한다. 해당 회사나 조직이 속해 있는 업계에 대해 연구하고 그 업계의 중요한 행사나 트렌드에 대해서도 파악한다.

목표를 분명히 하라

전문 강사들처럼 당신은 강연 기획자가 당신을 초청한 이유를 명확하게 파악해야 한다. 강연 기획자를 만족시켜야 한다는 사실을 기억하라. 그렇게 하려면 강연 기획자가 당신에게 바라는 점이 무엇인지 확실하게 알아야 한다.

나는 강연을 하기 전에 의뢰인에게 내 강연을 통해 사람들이 어떤 말이나 행동의 변화를 보이기를 원하는지 묻는다. 이 문제에 대해 충분한 합의를 이끌어 낸 뒤에 그 목표를 달성할 수 있도록 강연 내용을 구성한다. 목표를 얼마나 달성했는가가 강연의 유효성의 척도가 된다.

일전에 내게 강의를 의뢰했던 한 대규모 조직의 대표자가 나에게 이렇게 말했다.

"당신의 강연은 내가 지난 18년 동안 들어본 강연들 중 최고였습니다. 우리가 전화로 논의한 사항들을 약속하신 대로 하나도 빠짐없이 다루어 주셨더군요."

그리고 계속해서 다음과 같이 말했다.

"다른 강사들은 우리 조직에 맞는 특별한 강연을 해 주겠다고 약속은 하지만, 그것을 제대로 지키는 사람은 한 명도 없었습니다."

많은 강사가 '새로운 강연 내용을 개발하는 것보다 새로운 청중을 얻는 게 더 쉽다'고 생각한다.

이런 사고방식을 갖고 있는 강사들은 강연 대상이 누구이건 상관없이 똑 같은 내용을 형식만 조금씩 바꾸어 사용한다. 그러나 그런 강사는 강연 업계에서 오래 살아남지 못한다.

조직의 언어를 배워라

모든 회사나 조직에는 그들만의 역사와 문화 그리고 현황을 담은 그들만의 언어가 있다. 훌륭한 강사는 청중으로 하여금 그가 해당 기업이나 업계에 직접 몸담고 있는 사람이라고 느낄 정도로 강연 대상이 되는 기업이나 조직에 대해 정통해야 한다.

원고를 철저히 준비하라

전문 강사는 강연 내용을 미리 완벽하게 계획하고 구성한다. 그들은 끊임없이 원고를 수정하며 강연의 내용을 이렇게 저렇게 바꾸어 본다. 자신의 주장을 더욱 재미있고 효과적으로 펼칠 수 있는 방법을 끊임없이 모색하는 것이다.

검토하고 연습하라

최고의 강사는 이미 몇 차례 진행했던 강연 내용이라 할지라도 몇 번이고 다시 검토하고 연습을 거듭한다. 그들은 자신의 기억력이나 경험을 결코 믿지 않는다. 비행기 조종사가 운항을 할 때마다 체크리스트의 모든 항목을 일일이 확인하듯이, 최고의 강사는 무대에 오르기 직전까지 자기 강연의 모든 사항을 꼼꼼히 점검한다.

장소를 점검하라

전문 강사는 언제나 강연 장소에 일찍 도착해 모든 세부 사항을 점검한다. 마치 전투 사령관이 전장의 모든 요소를 빠짐없이 살피는 것과 같다. 특히 가장 중요한 요소인 음향, 조명, 온도를 반드시 확인해야 한다. 거의 언제나 이 세 가지 가운데 한 가지 설비를 교체하거나 조절해야 하는 일이 발생한다.

원래 비디오 카메라는 한 사람의 얼굴에 초점을 맞추도록 되어 있다. 강연을 할 때도 마찬가지다. 청중은 단 한 가지 이유, 즉 강사의 얼굴을 보기 위해 그 자리에 앉아 있다. 그 밖의 요소들은 모두 책을 읽거나 오디오 자료를 들으면 얻을 수 있는 것들이다. 강연에서 초점이 맞추어지고 모두의 관심이 집중되는 것은 바로 강사의 얼굴이다.

때때로 강연장의 설비로 인해 당혹스러워지는 이유가 여기에 있다. 강사가 거의 어둠 가운데 서 있도록 무대 조명을 설치해 놓은 호텔들도 있다. 회사의 사장이 연설을 하기 위해 일어나도 청중은 그의 얼굴을 거의 알아볼 수 없다. 게다가 그런 상황을 알아차리거나 신경 쓰는 사람도 거의 없다.

청중에 대해 알아두어라

최고의 강사들은 강연을 시작하기 전에 참석자들을 미리 만나 인사를 나눈다. 그렇게 하면 그들에 대해 조금이라도 알 수 있기 때문이다. 그들은 자기 소개를 하고 참석자들의 직업에 대해 묻고 소소한 대화들을 나눈다. 그렇게 강사가 참석자들과 어울리는 것을 본 청중은 자연스럽게 강사에게 호감을 갖게 되고 적극적이고 협력적인 태도로 강연을 듣는다. 무대에 올랐을 때 청중은 이미 강사의 편이 되어 있다.

중요 인사들의 이름을 알아두어라

전문 강사들이 하는 매우 중요한 일 가운데 하나가 중요 인사들의 이름을 알아두었다가 강연 중에 그들의 이름을 언급하는 것이다. 나는 때때로 어떤 내용을 마치 중요 인사가 한 말인 것처럼 언급하기도 한다. 예를 들어 "윌리엄 헨리 사장님은 여러분의 고객 서비스가 얼마나 중요한지 늘 강조하십니다"라고 하는 것이다.

나는 나중에 그 회사의 연례 보고서나 사장으로부터 온 이메일에서 이런 내용을 읽거나, 사장이 연설에서 머리말을 할 때 이 내용을 언급했다는 소식을 듣곤 한다. 사람들은 자신에 대해서 강사가 긍정적으로 이야기하면 우쭐한 기분이 들게 마련이다.

시작과 마무리를 철저히 준비하라

최고의 강사는 오프닝과 맺음말을 철저하게 계획하고 수 차례에 걸쳐 연습을 거듭한다. 그들은 강연을 어떻게 '시작' 하고 '마무리' 할지를 정확하게 알고 있다.

그들은 자신의 소개글을 사회자가 확실하게 이해할 수 있도록 함께 검토한다. 사회자가 강사를 어떻게 소개하느냐에 따라 강연의 분위기가 결정된다. 소개를 그저 사회자에게만 맡겨두어서는 안 된다. 청중의 흥미와 기대감을 높일 수 있도록 제대로 된 소개문을 공을 들여 작성해야 한다.

청중의 주의를 끌라

최고의 강사는 첫 마디부터 청중의 이목을 집중시킨다. 그들은 청중의 관심을 끌기 위해 침묵으로 시작하거나 청중의 관심을 사로잡는 오프닝 멘트로 시작한다. 나는 종종 무대로 올라가서 한동안 아무 말도 하지 않고 가만히 서 있는다. 그리고는 "이 자리에 참석해 주셔서 감사합니다. 여러분은 오늘 저와 함께 매우 즐겁고 유익한 시간을 보내게 될 것입니다"라고 말한다.

이런 오프닝은 청중의 마음속에 있는 질문, 즉 '이번 강연이 정말 괜찮을까?' 에 대한 답이 된다. 청중은 나의 오프닝에 즉각 기분이 좋아지면서 미소를 짓고 마음의 긴장을 푼다. 처음 몇 마디로 청중의 핵심 질문에 대답을 해준 것이다.

최고의 강사들은 강연 시간 내내 청중의 호기심을 자극하고 그들을 강연에 완전히 몰입하게 만든다. 이를 위해 질문을 던지고, 중간 중간 잠시 멈추고, 답을 해주는 방법을 사용한다. 핵심 내용을 짚어주거나 강조하기도 하고 메시지를 생생하게 전달하기 위해 사례를 들기도 한다.

청중을 친구처럼 대하라

최고의 강사는 청중을 친구처럼 대한다. 그들은 청중을 만나서 정말 반갑고, 자신의 생각을 나눌 수 있는 기회가 주어져서 진심으로 기쁘다는 듯이 웃는다. 청중은 강사가 자신들을 좋아하고 호의적인 태도로 대하면 그것을 단번에 알아차린다. 말을 꺼내기도 전에 따뜻한 미소와 호감이 가는 태도로 그들의 마음을 얻을 수 있다.

모든 말하기 기술을 동원하라

강연을 시작할 때 최고 강사는 굉장히 재미있고 유익한 강의가 될 것이라고 청중에게 약속한다. 그는 자신의 강연을 듣고 인생을 바꿀 만한 커다란 변화를 이룬 누군가의 이야기를 소개한다. 또한 몇 년 동안 무대에서 사용해 온 일련의 수사적 기교나 다른 여러 가지 방식을 활용한다.

그들은 침묵을 통해 청중의 주의를 집중시킨다. 한편 침묵은 청중에게 마음을 가라앉힐 시간이나 핵심 내용을 제대로 이해할 수 있는 시간을 주기도 한다. 또한 그들은 핵심 내용을 말하기 직전이나 직후에 잠시 멈추고 침묵함으로써 핵심 내용임을 강조한다. 그들은 청중에게 끊임없이 질문을 던진다. 사람은 질문에 답하도록 길들여져 있기 때문에 강사가 질문을 하면 마음속으로라도 대답을 하게 되어 있다.

세일즈 업계나 강연 업계에서는 '질문을 던지는 사람이 주도권을 쥔다'라는 말을 흔히 한다. 당신이 질문을 던지면 그 질문에 대한 답을 찾는 시간 내내 청중의 모든 관심은 당신에게 집중된다. 다양한 답이 나올 수 있는 질문일 경우에는 더욱 그렇다.

계속해서 기어를 바꿔라

말하기와 세일즈는 다르다. 질문을 던지고 나서 답을 제시함으로써 기어를 끊임없이 바꾸어 주어야 한다. 핵심 내용을 말하기 직전이나 직후에 극적 효과를 위해 잠시 멈추거나 한동안 침묵하라. 문장 중간에 극적 효과를 위해 휴지(休止)를 사용하고 중요 개념을 완벽히 이해시켜라.

최고 강사는 타이밍을 자유자재로 다룬다. 그들은 하나의 이야기를 부분으로 나눠서 사용하기도 하고, 중간에 휴지와 극적 효과를 집어넣기도 한다. 본론에서 벗어난 이야기를 하다가도 적절한 순간에 잊지 않고 다시 본론으로 돌아온다. 농담을 할 때도 마찬가지다. 이에 대한 적절한 예를 살펴보자.

사람들은 대부분 자신이 처한 상황에 따르는 책임을 인정하려 하지 않습니다. 그런 모습을 볼 때 저는 올레와 스벤의 이야기가 떠오릅니다. 그들은 몇 년 전 스웨덴에서 출발한 낡은 화물선을 타고 미국으로 오고 있었습니다. 그런데 그들이 탄 화물선은 북대서양 한가운데서 강한 폭풍을 만났습니다. 올레가 스벤에게 달려가 말했습니다.
"스벤, 배가 부서지고 있어, 지금 가라앉고 있다고!"
그러자 스벤은 "그게 뭐 어때서? 우리 배도 아니잖아"라고 대꾸했습니다.
회사에서 발생하는 모든 일이 바로 당신이 탄 배입니다.

청중에게 시간을 주어라

전문 강사들은 극적인 효과와 생각할 내용이 담긴 스토리를 들려주고 그 내용이 청중의 마음에 새겨질 수 있도록 유도한다. 즉 자신이 한 말을 청중이 충분히 이해할 수 있도록 시간을 주는 것이다. 청중의 표정을 살펴서 그들이 충분히 이해했는지 확인한다.

농담을 할 때에도 마찬가지다. 난데없이 끼어들지 않는 것이 중요하다. 청중이 웃고 있다면 그 웃음이 잦아들기를 기다려라. 청중이 충분히 웃고 나면 그때 다시 강연을 이어가라. 청중은 자신들을 즐겁게 해주는 강사를 좋아한다. 그들은 웃는 것을 좋아한다. 그들에게서 생각할 시간이나 자기반성의 시간, 또는 농담을 듣고 마음껏 웃을 수 있는 시간을 빼앗지 마라.

목소리와 몸짓을 모두 사용하라

전문 강사들은 약간 큰 목소리로 말한다. 이는 자신의 말에 자신이 있다는 것을 드러낸다. 그들은 또한 여러 가지 몸짓을 활용한다. 팔을 움직이거나, 고개를 끄덕이거나, 미소를 짓거나, 활발하고 생생한 모습을 보인다.

예를 들어 요점을 강조할 때는 양팔을 크게 벌리거나 목소리를 높인다. 친밀함을 나타내려면 양손을 부드럽게 맞잡고 청중을 향해 몸을 앞으로 기울인다. 두 팔은 양 옆으로 내려라. 강연을 할 때 가장 자연스러운 자세는 '티라노사우루스'처럼 팔을 올리고 있는 것이 아니라 두 팔을 양 옆으로 내리는 것이다.

핵심 내용을 강조하기 위해 손가락 끝을 가볍게 마주 대는 것도 좋다.

고개를 당당하게 들어 강연에 대한 자신감을 표현하라. 무엇보다도 청중을 향해 따뜻하게 미소 짓는 것이 중요하다. 즐기며 행복하게 강연하라. 당신에게 강연은 멋진 경험이고 매 순간이 즐겁다는 듯이 이야기하라.

요약

말하기를 배우는 유일한 방법은 말하고 또 말하고 또 말하고 또 말하는 것이다. 강연을 준비하고 연습을 거듭할 때 앞에서 살펴본 전문 강사들의 기술을 최대한 많이 적용하고 활용해 보라. 당신은 어느새 청중의 마음을 사로잡는 강사가 되어 있을 것이다. 그리고 사람들이 끊임없이 찾는, 고소득을 올리는 강사로 거듭나 있을 것이다.

Chapter 10

완벽한 강연장 준비하기

> 비를 내리게 하는 것은 우리의 능력 밖의 일이지만
> 비가 내릴 때를 대비해 땅을 기경하는 것은 우리의 몫이다.
>
> - 헨리 나우웬(Henri Nouwen)

강사로서의 성공 여부를 결정하는 핵심 요소 가운데 하나가 강연을 하는 장소다. 따라서 강의장을 면밀히 점검하고 가능한 한 모든 준비를 다 해야 한다.

강연을 준비할 때 반드시 점검해야 할 세 가지 요소가 있는데 바로 음향과 조명 그리고 냉난방 장치다. 이 세 가지는 강연을 진행하면서 문제가 발생할 소지가 가장 많은 부분이다. 머피의 법칙을 들어본 적이 있을 것이다. 잘못될 소지가 있는 것은 어김없이 잘못된다는 것이다. 머피의 법칙은 아마도 호텔이나 컨벤션 센터에서 강연이나 세미나를 진행해 본 사람들이 발견한 것이 아닐까 싶다.

사람들의 거짓말을 파악하라

대중 강연 행사를 주최할 때 반드시 알아야 하는 것이 있다. 바로 호텔 측 관계자들은 거짓말을 잘한다는 사실이다. 나는 처음 강연을 했을 때 이 사실을 알게 됐고, 강연을 할 때마다 쌓인 경험을 통해 90%는 그렇다고 장담한다. 호텔들은 으레 거짓말을 한다. 컨벤션이나 세미나 강연의 설비를 담당한 사람들은 마치 강연 기획자들이나 강사에게 할 수 있는 다양한 거짓말과 왜곡, 반쪽의 진실에 대한 특강이라도 들은 것 같다. 특히 행사 당일, 행사가 진행되는 그 순간에는 더욱 그럴듯한 거짓말들을 잘도 꾸며댄다.

화재 규정

그들이 가장 핑계대기 좋아하는 것 중 하나가 '화재 규정'이다. 그들은 화재 규정 때문에 이것도 할 수 없고 저렇게 변경하는 것도 불가하다고 말한다. 그러나 속내는 회의장 내의 배치나 설비를 번거롭게 변경하고 싶지 않은 것이다. '화재 규정'을 핑계 삼는 것은 거의 언제나 거짓말이지만 경험이 부족한 기획자는 떠밀리듯이 묵인할 수밖에 없다.

나의 경우는 이런 말을 들었을 때 다음과 같이 이야기한다.

"우리 아버지가 소방관이라서 제가 화재 규정에 대해서는 좀 잘 압니다. 소방 규정 어디에 방의 배치를 이렇게 하면 안 되는 것으로 되어 있는지 보여주시겠어요?"

그러면 그들은 꼼짝없이 얼어붙는다. 바로 변명을 하면서 나의 요구 사항에 협조하기 시작한다. 나는 이런 일을 수백 번도 넘게 겪었다.

컴퓨터 제어 장치

그들이 잘 사용하는 또 다른 핑계는 예컨대 이런 것이다.

"조명은 컴퓨터로 제어하게 되어 있어서 담당 엔지니어가 오기 전에는 저희로서는 할 수 있는 일이 없습니다."

게다가 무슨 이유에선지 담당 엔지니어는 항상 현장에 없거나 바로 올 수 없는 사정에 처해 있다. 회의에 참석 중이거나 휴가 중이거나 다른 긴급한 일로 현장에 나가 있다는 것이다.

거짓말에 대처하는 방법

원하는 대로 설비를 제대로 준비하기 위해서는 담당 직원에게 친근하고 예의 바르게 대하면서 동시에 부드럽지만 끈질기게 요구해야 한다. 당신을 도와줄 수 있는 유일한 사람들이기 때문에 그들을 화나게 해서는 안 된다. 담당자들의 거짓말에 상당히 효과적으로 대처할 수 있는, 몇 가지 방법을 살펴보자.

때로는 협박도 필요하다

한 번은 플로리다 주 탬파에서 세미나를 진행하고 있었는데 강연장의 실내 온도가 27도였다. 사람들은 땀을 흘리면서 세미나 자료를 부채 삼아 펄럭거렸다. 청중은 전체적으로 불쾌하고 불만족스러워하는 분위기였다. 그러다가 몇 명씩 자리에서 일어나 나가면서 참가비의 환불을 요청하기 시작했다.

  나는 기획자에게 호텔 측에 실내 온도를 낮춰줄 것을 요청하게 했다. 기획자는 계속 전화를 했지만 아무 소용없었다. 호텔 측에서는 "기술자가 손을 보고 있다"라든가 "컴퓨터 제어 시스템이라서 우리가 할 수 있는 일이 없다"는 등의 뻔한 변명만 늘어놓았다.

  결국 쉬는 시간에 나는 본사에 전화를 걸어 2분 안에 에어컨을 틀어 실내 온도를 낮춰 놓지 않으면 당장 세미나를 취소하는 한편, 대실료를 지급하지 않고, 손실액에 대해 손해배상 소송을 하겠다고 말했다. 결과는 놀라웠다. 전화를 걸고 서 있는 그 순간에 에어컨이 가동되어 시원한 바람이 나오는 것을 느낄 수 있었다. 2시간 동안 그들에게 그토록 애원하고 온갖 변명들을 들어 주다가, 대실료를 지급하지 않겠다고 압박했더니 바로 에어컨에서 시원한 바람이 나오기 시작했고 남은 시간 내내 에어컨은 문제없이 작동되었다.

지급 거부 카드

  나는 항상 의뢰인 측에 담당자에게 전화해서 이렇게 말하라고 한다.

  "당장 에어컨을 틀어서 실내 온도를 조절하지 않으면 대실료를 지급하지 않겠습니다."

  그러면 거의 대부분의 경우 에어컨 작동을 불가능하게 하던 기술적인 문제들이 갑자기 해결이 되고 실내 온도는 쾌적한 수준으로 내려간다.

조명을 점검하라

세미나 프레젠테이션에서 조명은 매우 중요하다. 청중의 시선은 온전히 강사의 얼굴에 집중해 있어야 한다. 청중의 70%는 시각적 요인에 의존하는 사람들이라는 사실을 기억하라. 그들은 정보를 눈으로 직접 봐야만 이해한다. 나머지 30%는 청각적 요인에 의존하는 사람들이다. 이들은 듣는 것만으로 정보를 받아들인다. 당신은 이 두 그룹의 청중의 요구를 모두 만족시켜야 한다.

발표를 하기 위해 강연장에 도착했을 때 50% 정도는 조명이 어떤 식으로든 잘못되어 있다. 그렇기 때문에 당신은 예정된 강연 시간보다 일찍 강연 현장에 도착해야 한다. 무대에 오르기 전에 조명을 완벽히 점검할 시간을 충분히 확보해야 하기 때문이다. 발표를 시작했는데 조명에 문제가 있다면 그때 가서 바로잡기는 거의 불가능하다.

조명 배치

무대에서 공연을 하거나 TV 프로그램을 촬영할 때는 조명을 설치하는 데만 1~2일이 소요된다. 기술자들은 조명을 배치한 뒤 무대 위나 배우에게 그림자가 지지 않게 하기 위해 조명 기기를 이리저리 움직여 본다. 관중석의 어떤 위치에서 보더라도 무대 위의 인물을 명확하게 볼 수 있도록 모든 노력을 기울인다. 이것이 가장 이상적인 조명 배치다.

강사는 강연을 하는 내내 양쪽에서 조명을 받아야 한다. 그래야 얼굴에 그림자가 지지 않는다. 강사를 비치는 조명을 앞쪽이 아니라 위쪽에 배치한 회의장을 흔히 볼 수 있는데, 이렇게 하면 강사의 얼굴 아래쪽에 그늘이 지고 청중은 부정적인 인상을 받는다.

오페라의 유령

어떤 호텔에서 강연을 할 때 있었던 일이다. 우리는 추가 조명 시설을 요구했고 호텔 측에서는 조명등을 하나밖에 찾지 못했다고 했다(호텔 측은 으레 거짓말을 한다는 사실을 기억하라). 호텔 직원은 조명등을 가지고 와서 청중석 뒤쪽의 한쪽에만 설치했다. 이 조명등은 내 얼굴의 반쪽만 비추었고, 강연을 하는 내내 나는 '오페라의 유령'으로 보일 수밖에 없었다. 청중의 반응은 즉각적이고 부정적이었다. 그들은 화를 냈다. 강연이 형편없다고 비난하며 돈을 돌려달라고 하고는 밖으로 나가버렸다. 얼굴의 반쪽만 조명을 받은 내 얼굴이 불길하고 사악해 보여서 부정적으로 반응한 것이다. 그 뒤로 나는 다시는 같은 실수를 반복하지 않았다.

당신의 얼굴은 지극히 중요하다

세미나를 위해 조명을 설치할 때 나는 기술자들에게 뒷줄에 앉은 청중이 내 얼굴에 난 여드름 하나까지 볼 수 있을 정도로 조명을 밝게 해달라고 요구한다. 나는 무대를 비추는 조명은 수술실 조명만큼이나 밝아야 한다고 강조한다. 그들은 알겠다는 듯이 고개를 끄덕이지만 속으로는 알지도 못하면서 잘난 척한다고 생각한다. 하지만 끝까지 이 주장을 관철해야 한다.

강연장의 무대와 연단의 조명을 설치하는 사람들은 강사를 잘 보이게 하기보다는 스크린을 잘 보이도록 하는 경우가 많다. 그들은 "불을 모두 켜면 스크린이 잘 보이지 않아요"라고 말하기도 한다. 이런 경우는 매우 흔하기 때문에 조심해야 한다. 스크린이 중요한 게 아니라 당신의 얼굴이 중요하다는 사실을 잊지 말라.

미리 점검하라

몇 년 전 캘리포니아 주 어바인에서 세미나를 진행했을 때의 일이다. 내 일정은 오후로 예정되어 있었지만 나는 항상 그랬듯이 오전에 도착해서 앞선 강사들의 강연을 들었다.

세미나가 진행되는 하얏트 호텔의 최고급 회의장에 들어섰을 때 조명이 절반만 켜져 있었다. 어둑어둑한 것이 마치 나이트클럽에 들어간 것 같았다. 앞쪽에 서 있는 강사는 흐릿하게 보일 뿐이었다. 나는 기겁을 했다. 곧바로 호텔 직원을 회의장으로 불러서 "이 방의 조명을 전부 켤 수는 없습니까?"라고 물었다. 그는 "조명을 전부 켜길 원하셨나요?"라고 되물었고 나는 그렇다고 대답했다. 그는 바로 벽 쪽으로 걸어가 몇 개의 버튼을 눌렀다. 그러자 회의장 전체는 교실처럼 환해졌다. 그 순간 나는 물론 청중 모두가 깜짝 놀랐다. 그들은 지난 2시간 동안 어둑어둑한 곳에서 강사의 얼굴을 보려고 안간힘을 쓰면서 그가 말하는 메시지를 파악하고자 했던 것이다.

나이트클럽 공연이 아니라는 것을 명확히 하라

회의장의 불을 환하게 켜달라는 나의 요구는 흔하게 있는 일이다. 나는 강연을 할 때마다 강연장 직원들에게 이렇게 말하면서 조명을 모두 켜달라고 한다.

"여기는 강연장이지 나이트클럽이 아니지 않습니까?"

놀랍게도 정말 많은 조명 기술자가 다음과 같은 착각을 하고 있다. 강사는 청중석이 어둡기를 바라며, 강사 자신은 눈이 부셔서 청중석을 볼 수 없을 정도로 환하게 비쳐지기를 바란다고 생각하는 것이다. 이런 식으로 조명을 설치하면 청중은 강사를 연예인처럼 바라보게 된다. 쥐 죽은 듯이 조용히 앉아서 공연을 보듯이 바라보기만 하는 것이다. 그들은 강사의 질문에 대답하거나 강사와 교감을 나누지 않는다. 마치 두더지가 구멍 밖으로 고개만 내밀고 조명이 비치는 강사를 빤히 바라보는 것 같은 모습이다.

나이트클럽에서 공연하는 연예인이 아닌 이상 당신은 100촉광(촛불을 100개 켜놓은 것과 같은 밝기)의 조명을 요구해야 한다. 방 전체가 학교 교실처럼 밝아야 한다는 뜻이다. 청중이 서로를 볼 수 있고, 강사를 분명하게 볼 수 있으며, 강연 주제에 대해 필기할 수 있어야 한다. 이는 청중의 즐거움과 만족을 위한 필수 조건이다.

실내 배치를 점검하라

세미나와 같은 행사장에서 의자와 테이블을 배치하는 사람들은 고소득자가 아니다. 당신이 설비 담당 직원과 열심히 상의해서 작성해 놓은 지시 사항을 읽지 못하는 사람들도 있다. 그들의 목적은 회의실에 들어가서 가능한 한 빨리 의자와 테이블을 배치해 놓고 재빨리 나가는 것이다. 위치를 다르게 해달라고 누군가가 요청하기 전에 말이다.

실내 배치를 감독하라

전국에서 세미나를 진행할 때 나는 항상 자리를 배치하는 현장에 직접 참석한다. 자리를 배치하는 사람들이 수많은 오류를 범한다는 것을 잘 알기 때문에, 현장에서 그런 잘못을 잡아서 즉각 수정하기 위해서이다.

나는 강연장의 설비 담당자로부터 전날 밤 행사를 했으니 강연 당일 새벽 3시에 자리 배치를 할 것이라는 말을 셀 수도 없이 많이 들었다. 그러면 나는 새벽 3시에 현장에 가겠다고 한다. 하지만 막상 새벽 3시에 가보면 매 번 강연장의 자리 배치는 이미 끝난 상태다. 예외 없이 자리 배치는 잘못되어 있고 직원들은 사라지고 없다. 그러면 다시 사람들을 불러서 우리가 요구했던 대로 다시 의자와 테이블을 배치해야 하는 문제를 놓고 강연장 측과 실랑이를 벌여야 한다.

강연장의 자리 배치를 소홀히 여겨서는 안 된다. 나는 항상 어떻게 자리를 배치해야 하는지 그림까지 곁들인 정확한 지시 사항을 문서로 작성해 강연 기획자에게 우편이나 팩스로 보낸다. 그리고 나서 전화 통화를 하거나 직접 만나서 그들이 이해할 수 있도록 하나하나 자세하게 설명을 한다.

당연한 것은 없다

당신이 원하는 배치 방식을 아무리 명확하게 설명을 하고 정확하게 전달을 해도 대부분의 경우 사람들은 당신의 지시 사항을 무시하거나 당신의 요구를 잘못 이해하기도 한다. 그래서 강연 장소에 일찍 도착해 그 자리에서 문제점을 바로잡을 수 있도록 모든 사항을 점검하는 일은 굉장히 중요하다.

내가 강사로서 성공할 수 있었던 이유 중에는 청중의 편의를 위해 강박적이다 싶을 정도로 신경을 쓴 것도 포함된다. 7명을 대상으로 했던 첫 세미나 때부터 나는 청중이 나의 모습과 내가 준비한 자료들을 분명하게 볼 수 있도록 하기 위해 많은 고민을 하고 신경을 썼다. 의자와 테이블 배치를 점검하고 재배치해 청중의 편안함과 가시성을 극대화하도록 노력했다. 시간이 갈수록 청중의 수가 점점 늘어났지만 청중의 편안함을 중시하는 나의 생각은 한번도 변하지 않았다. 그 결과 며칠에 걸쳐 수백 명의 청중을 대상으로 세미나를 진행하는 유명 강사가 되어 있었다. 나는 청중을 더 만족시킬 수 있는 것이라면 아주 작은 변화에도 민감하게 신경을 쓴다.

모든 청중이 강사를 쉽게 볼 수 있어야 한다

청중석의 어디에서도 강사를 명확히 볼 수 있어야 한다. 이렇게 하기 위해서는 가능한 한 청중석을 반원형으로 배치하는 것이 좋다. 공연장과 매우 비슷한 좌석 배치다. 청중의 규모가 크다면 양쪽 측면의 가장 바깥 쪽의 의자들은 45도 각도로 배치하는 것이 좋다. 그래야 그 자리에 앉아 있는 사람들이 몸을 비스듬히 하거나 돌리지 않고도 바로 강사를 볼 수 있다.

배우가 손을 뻗으면 관객과 닿을 수 있는 공연장처럼 맨 앞줄은 강사가 손을 뻗으면 닿을 수 있을 정도로 가까워야 한다. 맨 앞줄과의 거리가 멀수록 당신이 에너지를 발산해 청중과 교류하는 것이 더 힘들어진다.

청중 간의 거리를 좁혀라

당신의 에너지를 일종의 전기라고 상상해 보라. 청중과의 감정적 화학적 교류를 의미하는 전기장을 형성을 상상해 보라. 첫 줄이 무대와 가까울수록 그런 전기적 연결을 구축하기가 더 쉽고, 전기가 청중석 전체에 흐를 수 있다.

가능하면 중앙 통로를 만들지 않는 것이 좋다. 중앙 통로를 향해 이야기하면 당신의 에너지가 통로를 통해 강의장 뒤쪽으로 빠져나가 버린다. 중앙 통로 없이 한 덩어리로 청중석을 배열하면 당신의 에너지는 폭포가 쏟아지는 것처럼 첫 번째 줄로 전달되고 그다음에는 파도처럼 전체로 퍼져나가면서 줄에서 줄로 사람들을 연결한다. 청중이 드나들 때 사용하는 통로는 양 측면에 만들어라. 의자 배치를 할 수 있는 강연장이라면 중앙 통로를 두지 마라.

좌석을 앞쪽으로 옮겨라

회의장의 설비를 담당하는 사람들은 테이블과 의자를 강연장 전체에 널찍하게 배치하는 것을 강사가 원할 것이라고 생각한다. 그러나 실제로는 그렇지 않다. 청중은 자신의 뒤에 얼마나 공간이 남아 있는지는 개의치 않는다. 그들이 신경 쓰는 것은 오로지 자신과 강사 사이의 거리다.

극장에서도 배우나 연예인이 서는 무대와 가까운 좌석일수록 더 비싸다. 거기에는 다 그럴 만한 이유가 있다. 강사와 가까이 앉을수록 청중은 강연을 더 즐길 수 있다. 강사를 바로 눈앞에서 볼 수 있으면 더 집중하게 되고 더 많이 즐길 수 있고 더 만족할 수 있기 때문이다.

설비를 담당하는 사람들은 흔히 첫 번째 줄의 의자나 테이블을 무대에서 3~6미터 떨어지게 배치한다. 나는 이것을 '길 건너편으로 소리 지르게 만드는 모델'이라고 부른다. 이렇게 하면 첫 번째 줄에 앉은 청중과 교류하기 위해 더 많은 양의 에너지를 발산해야 하고 더 많은 노력을 해야 한다. 이것은 어렵고 불필요한 수고다.

강의장에 일찍 도착하면 뒷줄에 있는 의자와 테이블을 앞으로 옮겨달라고 요청할 수 있다. 나는 종종 뒤에 3줄 정도의 의자와 테이블을 앞으로 옮겨서 채워달라고 요청한다. 무대에서 손을 뻗었을 때 제일 앞줄에 앉은 청중과 닿을 수 있을 정도로 앞줄을 배치해야 한다.

의자 사이에 충분한 공간을 두어라

좌석 배치와 관련해서 마지막으로 주의해야 할 사항이 있다. 대부분 회의장이나 호텔의 의자는 오늘날보다 사람들이 평균적으로 더 날씬했을 때 만들어졌다. 따라서 의자끼리 너무 바짝 붙여서 배치하면 청중은 자신의 옆에 앉은 몸집이 큰 사람과 불편하게 몸이 부딪히게 된다. 그러면 강의 시간 내내 편하지 않은 자세로 어깨를 웅크린 채 앉아 있어야 한다.

의자 배치를 조정할 수 있다면 의자 간의 간격이 10㎝ 이상은 되도록 충분한 간격을 두고 배치해줄 것을 요청하라. 그렇게 하면 청중은 더욱 편안하고 쾌적한 상태에서, 마음을 활짝 열고 당신의 강연을 들을 수 있다.

청중이 체구에 비해 너무 작은 의자에 앉아서 불편함을 느끼고 있다면, 게다가 첫 번째 줄이 강사로부터 6~10m 이상 떨어진 거리에 앉아 있다면 그들과 소통하며 교감을 형성하기는 상당히 어려워진다. 당신에게는 사소하게 보일지 모르지만 이것은 청중에게는 매우 중요한 문제다.

설비 담당 직원들이 '소방 규정'을 거론하며 불만을 제기하면, 소방서장에게 물어서 이런 식의 자리 배치는 문제 없다는 것을 이미 확인했다고 말하라. 그러면 아무 말도 하지 못할 것이다.

무대를 점검하라

어떤 종류의 강연이든 강사가 잘 보이게 하는 것은 매우 중요하다. 청중의 규모가 클수록 무대는 더 높아져야 한다. 무대의 높이는 다음과 같이 결정한다. 맨 뒷줄에 앉은 청중이 강사의 상체를 볼 수 있어야 한다. 따라서 청중이 많을수록, 맨 뒷줄이 무대에서 멀리 떨어져 있을수록 무대는 더 높아져야 한다.

대형 극장을 보면 무대가 첫 번째 줄에 앉은 사람의 머리보다 높게 설치되어 있다. 그렇게 해야 관중이 배우나 연예인을 확실하게 볼 수 있기 때문이다. 특히 관중은 배우의 허리 윗부분 즉 얼굴을 확실하게 보기 위해 그곳에 앉는 것이다.

무대에서 내려와 청중 사이를 걸어 다니며 강연을 하는 강사들도 있다. 나는 개인적으로 그런 방법이 근사해 보이기는 하지만 별로 효과적이지는 않다고 생각한다. 강사가 청중 사이를 걸어 다니면 80~90%의 청중은 강사를 볼 수 없게 되고, 강사의 얼굴을 보면서 감정적 교류를 나눌 수 없기 때문이다. 당장 강사 주변에 앉은 청중의 즐거울지 모르지만 대부분 청중에게는 큰 손실을 끼치는 방식이다.

음향 시설을 점검하라

호텔이나 강연장의 음향 시설은 지난 몇 년 간 크게 향상됐다. 그럼에도 불구하고 내가 8장에서 언급했듯이 대부분의 강연장은 건축 마지막 단계에 싸구려 장비를 설치해 비용을 절감하려고 하는 경향이 있다. 그리고 강연 기획자들에게 자체 음향 설비를 가져오거나 값비싼 설비를 따로 빌릴 것을 요구한다. 그래서 때로는 음향 설비 대여가 강연장의 주요한 수입원이 되기도 한다.

내가 주로 함께 일하는 세미나 기획 및 진행을 전문으로 하는 회사들은 대부분 자체 음향 전문가들을 고용해서 음향 설비를 준비한다. 비용은 더 들지 모르지만 이렇게 하는 것이 훨씬 바람직하다. 대부분의 호텔 직원은 음향 설비가 강연에 적합한지 강사의 목소리가 명쾌하게 들리는지 전혀 신경을 쓰지 않기 때문이다. 이는 안타깝지만 사실이다.

마이크

요즘 사용하는 가장 최신형 마이크는 아주 가는 피부색 전선으로 연결되어 귀에 건 뒤 한쪽 뺨으로 전선이 내려올 수 있도록 부착한다. 이 마이크는 청중에게 거의 보이지 않고 소리도 회의장 전체에 분명하게 퍼진다. 이런 이유로 이 유형의 마이크를 이용하는 강사들이 점점 늘어나고 있다.

라발리에(Lavalier) 마이크

오늘날 가장 흔히 사용되는 것은 라발리에 마이크다. 무선과 유선이 있는데 무선 라발리에 마이크는 정말 편리하다. 넥타이나 옷깃에 고정해서 사용하며, 벨트 뒤쪽에 고정한 또 다른 장치에 전선이 연결되어 있다. 이 장치는 무선으로 앰프와 연결되고, 회의장의 옆이나 뒤쪽에 있는 음향 설비 담당자가 이 장치를 통제한다. 이런 유형의 마이크를 사용하면 강사는 무대 위를 걸어 다니며 두 손을 자유롭게 사용할 수 있다. 그래서 종종 '자유 마이크'로 불린다.

지금과 같이 기술이 발달하기 전까지 나는 유선 라발리에 마이크를 사용할 것을 강력하게 권했다. 이 마이크는 긴 코드로 음향 시설까지 연결되는데 소리의 왜곡이 없고 그 기능이 강연이나 세미나에서 사용하는 데 안성맞춤이다. 충분히 긴 코드만 있다면 자유롭게 걸어다닐 수도 있다.

핸드형 마이크

이 마이크는 누군가를 소개하거나 간단하게 몇 마디 말만 하는 경우에 가장 좋다. 하지만 장시간 발표를 해야 할 때 핸드형 마이크를 잡은 손은 자유자재로 쓸 수 없기 때문에 불편하다. 강연 내내 모든 몸짓을 한 손으로만 해야 하고 무언가 자연스럽게 표현하려고 할 때 제약을 받는다.

핸드형 마이크를 사용할 때는 입과 마이크의 거리를 가까이 하되 턱 아래에 오도록 잡아야 한다. 얼굴을 가려서 청중이 강사의 얼굴을 볼 수 없게 잡으면 안 된다. 목소리가 분명하게 들릴 수 있도록 가까이, 그러나 턱 아래에 오도록 잡는다.

강연대 사용법

대부분의 비즈니스 강연에서 강사는 1~2개의 마이크가 장착되어 있는 강연대 뒤에 서서 이야기하는 경우가 많다. 이때 가능한 한 입에서 가깝게 마이크 위치를 조정해야 한다. 몸을 약간 앞으로 기울여서 마이크에 대고 말을 해야 모든 청중에게 잘 들린다.

강사들은 강연대의 마이크에서 너무 멀리 서서 말하면서 자신의 목소리가 강연장 전체에 잘 들리지 않는다는 사실을 잘 인식하지 못하기도 한다.

몸을 약간 앞으로 구부려서 이야기해야 한다. 강연대에 몸은 기대는 것은 금물이다. 그런 자세는 느슨하고 단정치 못하다는 인상을 주고, 강사가 자신이 하는 말에 확신이 부족한 것처럼 보일 수 있다. 원고나 자료를 정리하기 위해 손을 사용하는 것은 괜찮지만, 그 외에는 양 옆으로 내리고 있거나, 내용을 강조할 때 자연스럽게 올리는 것이 좋다. 강연대를 잡거나 그 위에 손을 올리지 않도록 주의하라. 가장 좋은 것은 강연대 옆에 서서 말을 하는 것이다. 강연 자료를 살짝 확인할 때만 강연대 뒤로 가서 보라. 강사의 모습이 더 많이 보일수록 청중은 더 즐겁게 강연을 들을 수 있다.

시각 장치의 활용

60분 이상 동안 강연을 할 경우 나는 항상 시각적 장치를 사용해서 핵심 내용을 설명한다. 청중의 70%는 눈으로 보아야 강연 내용을 습득할 수 있기 때문이다. 그들은 강사의 아이디어를 글로 적은 것을 보아야만 한다.

내가 즐겨 사용하는 도구는 오버헤드 프로젝터(OHP)다. 프로젝터 옆에 서서 필름 위에 내용을 직접 쓰면 내 뒤쪽에 있는 스크린 위로 그 내용이 보인다. 나는 중요한 내용을 말할 때마다 프로젝터를 켜고 그 내용을 필름 위에 확실하게 적는다. 그리고 잠시 기다렸다가 프로젝터를 다시 끄고 이야기를 이어나간다. 강의 내용을 생생히 전달할 수 있는 간단한 그림이나 삽화를 그릴 때도 이와 같은 방법으로 사용한다.

많은 사람은 손쉽게 사용할 수 있는 파워포인트를 놔두고 그런 구시대적인 장치를 사용한다고 나를 비판한다. 하지만 많은 사람이 파워포인트를 사용하는 것보다 중요한 단어를 바로 써서 스크린에 띄우는, 이 생생한 방법이 강연을 훨씬 더 즐겁게 만든다는 사실을 깨닫고는 깜짝 놀란다.

프레젠테이션을 망치는 파워포인트

앞에서도 언급했듯이 강연 업계에서는 '프레젠테이션을 망치는 파워포인트'라는 말을 사용한다. 파워포인트가 나오자 많은 사람이 프레젠테이션의 핵심 도구로 채택했는데, 그 과정에서 자신의 목소리, 강연 내용, 몸짓은 잊어버린 것이다. 그 결과 파워포인트가 메시지의 모든 책임을 떠맡는, 원래 만들어진 의도와는 동떨어진 역할을 하게 되었다.

파워포인트나 여타의 시각 장치를 사용할 때, 그것은 당신에게 청중의 주의를 집중시켜 주는 도구 이상으로 사용해서는 안 된다. 나는 소규모 그룹을 대상으로 한 발표에서 핵심 내용을 설명하기 위해 파워포인트를 사용할 때 한 번에 하나의 내용만 보여 준다. 그것을 충분히 논의하고 설명하고 나서 다음 슬라이드에 다른 내용의 글이나 일러스트레이션을 제시한다. 슬라이드 전체에 모든 내용을 줄줄이 적어 놓고서 처음부터 끝까지 읽으려고 해서는 안 된다. 그렇게 하면 청중은 강사에게 집중하지 않고 자신이 직접 스크린의 위아래를 훑으며 내용을 읽을 것이다.

청중을 바라보는 방향으로 서라

파워포인트를 사용할 때 노트북을 자신의 앞에 놓아서 뒤나 옆에 놓은 스크린에 어떤 내용이 나타나는지 볼 수 있어야 한다. 스크린을 바라보면서 서 있거나 스크린을 향해서 말하는 것은 금물이다. 청중에게서 고개를 돌리지 말라. 강연을 진행하는 동안은 항상 청중과 눈을 마주쳐야 한다. 파워포인트로 핵심 내용을 설명한 뒤 그에 대해 말로 더 자세한 설명을 덧붙이고 싶다면 노트북의 'B' 버튼을 눌러 스크린이 빈 화면이 되게 하라. 그러면 청중은 다시 당신에게로 시선을 모을 것이다.

5x5 법칙을 기억하라

파워포인트를 사용할 때는 5x5 법칙을 기억하라. 한 슬라이드에 5줄 이상을 넣어서는 안 되며, 한 줄에 단어는 5개를 넘어서는 안 된다. 그리고 글자는 가급적 큰 글자체를 써야 한다. 그래야 뒷줄에 앉은 청중도 스크린의 내용을 쉽게 읽고 강연의 핵심 내용을 이해할 수 있다.

파워포인트는 보조 도구일 뿐이지 메시지 자체가 아니라는 것을 명심하라. 당신이 전달하고자 하는 요점을 강조하고 보완해 주는 도구일 뿐이다.

플립차트와 화이트보드

소규모 그룹을 대상으로 할 때 플립차트나 화이트보드를 사용하는 것도 좋다. 단, 여기서도 당신의 얼굴이나 몸짓, 말에 청중의 주의가 집중되어야 한다는 사실을 잊지 말라. 플립차트를 사용할 때는 핵심 요점들을 연필로 플립차트 위에 미리 적어두라. 청중석에서는 보이지 않기 때문에 마치 외워서 말하는 것처럼 명확하고 권위 있게 말할 수 있다.

또한, 설명을 마치고 나면 당신이 적은 말, 숫자, 도해 등을 청중이 충분히 이해할 수 있는 시간을 주어야 한다. 그리고 나서 페이지를 넘겨 빈 페이지가 나오게 한다. 그렇게 하면 청중의 시선은 다시 당신에게 향할 것이다.

요점들을 한 페이지씩 번갈아 가며 적는 것도 좋은 방법이다. 시작하기 전에는 빈 페이지가 펼쳐져 있어야 한다. 이 빈 페이지를 넘기면 첫 번째 핵심 내용이 나오도록 한다. 이 페이지를 남기면 다시 빈 페이지가 나오게 해서 다음 핵심 내용을 가리게 한다.

화이트보드를 사용할 경우에는 중요한 내용을 설명한 뒤 그것을 모두 지워서 화이트보드에 아무것도 남기지 말아야 한다. 그렇지 않으면 청중의 시선이 자동차 와이퍼처럼 당신과 화이트보드 사이를 왔다 갔다 하게 된다.

어떤 경우에도 청중의 시선은 당신의 얼굴에 집중되어 있어야 한다. 화이트보드에 적혀 있거나 스크린에 비친 내용으로 시선이 분산되어서는 안 된다.

사전에 철저히 점검하라

강연에서 파워포인트는 다른 유형의 전기 장치를 사용할 때는, 강연 장소에 일찍 도착해서 무대에 오르기 전에 모든 사항을 점검해야 한다. 전문가라는 기술자들이 얼마나 자주 설비를 엉망으로 해놓는지 알게 되면 깜짝 놀랄 것이다. 당신의 간단한 지시 사항조차도 무시하거나 잘못 알아듣는 일도 비일비재하다. 당신의 발표가 매끄럽게 진행되게 하는 방법은 단 한 가지다. 바로 당신이 직접 장치를 설치하고 무대에 올라가 미리 연습해 보는 것이다.

온도를 점검하라

내가 지금까지 진행했던 강연의 90% 정도는 항상 실내 온도가 문제였다. 너무 추운 경우도 있었지만 대부분은 지나치게 더운 것이 문제다. 이런 문제가 발생하는 이유는 간단하다. 에어컨을 가동하려면 비용이 많이 들기 때문이다. 호텔에서 강연장을 대여할 때는 설비 사용비도 포함해서 대여료를 받지만, 호텔 측에서는 모든 수단을 동원해서 비용을 절감하려고 한다. 그래서 되도록이면 에어컨을 켜지 않으려 한다.

나는 항상 청중이 강연장에 들어섰을 때 쾌적한 실내 온도를 유지하는 것이 얼마나 중요한지 강조한다. 새벽 6시에 강연장의 실내 온도가 27도에서 32도에 이르고, 에어컨을 가동할 수 있는 직원조차 찾을 수 없는 경우는 셀 수도 없이 많다. 기획자들은 종종 에어컨의 가동을 요청하는 문제로 설비 담당자에게 고함을 질러야 한다.

설비 담당 직원을 믿지 마라

설비를 세심하게 감독해야 하는 이유를 설명해 주는 일화가 있다. 나는 몇 년 전에 플로리다 주 보카라톤에서 세미나를 진행한 적이 있었다. 거기서 직원은 내가 고함을 지르고, 따지고, 애원하고, 위협한 뒤에야 비로소 에어컨을 가동하였다. 실내 온도는 30도에 이르렀고 청중은 이미 강연장에 들어서는 상황이었다. 결국 세미나가 시작될 때는 온도가 24도까지 내려갔다. 그러나 내가 무대에 올라섰을 때 에어컨이 꺼지는 소리를 들을 수 있었다. 온도는 급격히 상승하기 시작해 급기야는 실외 온도와 같은 32도까지 올랐다. 정말 말도 안 되는 일이었다!

가장 이상적인 실내 온도

청중을 위해 가장 바람직한 실내 온도는 섭씨 20도 정도다. 그것보다 낮으면 싸늘하고, 높으면 사람의 두뇌가 제 기능을 발휘하지 못한다. 전 세계 어디를 가더라도 청중이 편안하게 강의를 들을 만큼 쾌적한 온도를 유지하기 위해서는 호텔이나 회의장 측 사람들과 싸우고, 따지고, 애원하고, 협박하는 일을 감수해야 한다.

강연장 업체와 계약을 맺을 때, 계약서에 구체적으로 최대 온도에 관한 조항을 넣어라. 이를테면 '강연장의 온도가 5분 이상 20도를 넘어가면 대실료를 지불하지 않는다' 는 식이다.

전국을 다니며 세미나를 하는 내 친구 중에 몇몇은 이 조항을 반드시 활용한다. 그리고 강연장 곳곳의 참석자 테이블에 온도계를 세워 놓고 규칙적으로 온도를 확인한다. 온도계가 20도 위로 올라가면 즉시 호텔 측 직원을 호출해서 앞으로 3분만 더 이 상태를 유지한다면 대실료를 내지 않겠다고 말한다. 물론 호텔 측은 질색을 하지만 이것도 하나의 방법이다.

마지막으로 강연장 측에서 온도를 20도로 유지하는 것에 동의한다고 해도 확실히 해두어야 하는 부분이 있다. 즉 "내 허락 없이는 실내 온도를 절대 변경하지 마라"고 덧붙이는 것이다. 청중 가운데는 매우 예민한 피부를 가진 사람들이 늘 있게 마련이다. 강연장의 온도가 24도가 되면 대부분의 사람은 땀을 흘리기 시작하지만 피부가 예민한 사람들은 공기가 너무 싸늘하다고 불평을 한다. 이런 사람들은 강연장 밖으로 나가서 호텔 직원을 찾아 온도를 올릴 것을 요구한 뒤 조용히 다시 들어온다. 이런 일은 미리 방지해야 한다.

요약

강연장과 무대는 강연을 위한 매우 중요한 도구다. 아주 사소한 요소라도 청중이 당신에 대해 갖는 인상에 긍정적이거나 부정적인 영향을 미친다. 그렇기 때문에 사소한 것을 모두 중요하게 생각해야 한다. 조명, 무대, 음향, 온도에 관한 체크리스트를 만들어라. 강의 기획자와 함께 이 체크리스트를 미리 살펴보고 현장에 미리 도착해서 강연장 직원과 함께 체크리스트를 한 번 더 점검하라.

실수는 일어나게 마련이다. 호텔 측에서 거짓말을 하는 것은 으레 있는 일이다. 그들이 "걱정하지 마십시오" "우리가 알아서 해결하겠습니다"라고 말하면 뭔가 잘못되어가고 있다는 징조다. 이런 말의 진짜 의미는 "당신의 요구대로 되는 일은 없을 것입니다"이다.

미심쩍은 부분이 있으면 강연장의 책임자를 만나라. 그는 당신이 마지막으로 의지할 수 있는 사람이다. 직원은 그저 하루를 넘기면 그만이지만, 책임자는 당신을 고객으로서 만족시키는 일에 신경을 쓰기 때문이다. 책임자로도 부족할 때는 더 높은 사람을 만나라.

당신이 모든 물리적인 요소를 세심하게 신경을 써도 당신을 제외한 누구도 그러한 사실을 알아채지 못한다. 참석자들은 자신이 몸을 꼬지 않고 좌석에 편안하게 앉아서 강연을 볼 수 있는 이유를 모를 것이다. 실내 온도가 쾌적한 이유도 소리가 분명하게 잘 들리는 이유도 알아차리지 못한다. 청중석 어느 곳에서도 강사가 잘 보여서 유쾌하게 강연을 들을 수 있었던 이유도 눈치채지 못한다. 의식적으로는 이 모든 세심한 배려와 준비를 알아차리지 못할지라도 무의식적으로는 분명히 감사함을 느낀다. 그리고 강연이 끝난 뒤에는 훌륭한 강연을 한 당신을 칭찬할 것이다.

Chapter 11

강렬한 마무리로
청중을 감동시켜라

> 온 마음을 다해 노력하라. 그러면 성공할 것이다.
> 최선의 노력을 다하는 사람에게 경쟁자는 없다.
>
> - 엘버트 허버드(Elbert Hubbard)

훌륭한 강연이나 세미나는 한 편의 훌륭한 연극이나 영화 혹은 노래와 같다. 듣는 사람의 이목을 사로잡으면서 시작해서 각 내용들을 전개해 나가다가 강렬하게 끝난다. 강연의 서두와 특히 맺음말은 강연의 다른 어떤 부분보다 더 오래 기억에 남는다. 역사에 남는 훌륭한 연설들은 강렬하고 감동적인 마무리로 사람들의 기억 속에 살아 있다. 예를 들어 제2차 세계대전 중에 윈스턴 처칠은 독일 공군과 공중전을 벌이다가 전사한 영국 공군 장병들에게 바치는 추도사로 전 국민의 마음에 감동을 주었다. 그는 이렇게 말했다. "인류 역사상 이처럼 많은 사람이 이렇게 소수의 사람들에게 이토록 큰 빚을 진 적은 없었습니다."

강렬한 인상을 주면서 연설을 마무리하는 방법에 대해 알아 보자.

맺음말을 면밀하게 계획하라

마무리를 가능한 한 강렬하게 하려면 면밀하게 계획해야 한다. '이 강연의 목적은 무엇인가?'라고 자문해 보고, 그 답에 당신의 강연 주제를 듣고 청중이 보여 줄 어떤 행동의 변화가 포함되어 있어야 한다. 당신이 바라는 목적을 분명히 알면 청중의 행동을 촉구하는 맺음말을 구성하기가 훨씬 쉬워진다.

감동을 주는 마무리를 하기 위한 최상의 전략은 강연의 나머지 부분을 계획하기 전에 맺음말을 제일 먼저 계획하는 것이다. 그런 다음에 오프닝을 구성한다. 그러면 맺음말과 자연스럽게 연결되는 오프닝 멘트를 짤 수 있다. 본론에서는 청중이 강연을 듣고 나서 생각하고 기억하고 실천하기를 바라는 점을 생각하며 당신의 생각과 의견을 제시한다.

실천을 촉구하며 마무리하라

강연을 듣고 난 뒤 요구되는 변화를 청중에게 이야기하는 것은 특히 중요하다. 실천을 촉구하는 것은 강연을 강력하게 마무리하는, 최고의 방법이다. 예를 들면 다음과 같다.

"우리는 엄청난 도전에 직면에 있으면서 동시에 크나큰 기회를 마주하고 있습니다. 여러분이 함께한다면 우리는 그러한 도전을 두려워하지 않고 기회를 잡아 내년을 우리 역사에서 최고의 한 해로 만들 수 있습니다."

어떤 말을 하든 마지막에는 감탄 부호가 붙는다고 상상하라. 결론에 이르면 더 힘차고 빠르게 말하라. 열정적으로 말하고 강조해서 말하라. 청중에게 당신의 마지막 요점을 이해시켜라. 청중이 당신에게 동의했는지 혹은, 당신이 요구한 행동을 실천할 용의가 있는지 없는지 상관없이, 당신은 그들에게 요구할 사항을 완벽하게 전달해야 한다.

요약으로 마무리하라

모든 강연에는 간단한 공식이 있다. 먼저 강의에 들어가기 전에 어떤 내용을 다룰지 간략히 소개한다. 본론을 이야기하고 강연 내용을 다시 요약해서 정리한다. 강연이 끝나갈 때쯤 "요점을 다시 간략히 말씀드리자면…"이라고 말하며 요점들을 하나하나 나열해서 다시 이야기하고, 각각의 요점이 어떻게 연결되어 있는지 확인시켜 주는 것이다. 청중은 방금 들은 강연 내용을 다시 반복해서 정리해 주는 것을 고맙게 생각한다. 또한 이를 통해 강연이 결론을 향해 간다는 사실을 분명히 알 수 있다.

예화로 마무리하기

강연을 맺을 때는 "오늘의 강연 주제를 잘 설명해 주는 예화를 하나 들려드리겠습니다"라고 말한 뒤 짧은 스토리를 이야기해 주는 것도 좋다. 이때 이야기의 교훈이 무엇인지도 함께 이야기한다. 청중이 스스로 해석하도록 놔두어서는 안 된다.

강연의 핵심 내용을 잘 이해할 수 있도록 설명해 주는 사례를 들려주고 당신이 전하고자 하는 핵심 메시지와 분명하게 연결시켜 주는 것이 좋다. 예를 들면 다음과 같다.

옛날 옛날에 동부에 두 남자가 살았습니다. 그들은 서부로 가서 금을 캐서 성공을 하겠다고 결심했습니다. 그들은 금광이 나올 것 같은 땅을 사서 파기 시작했습니다. 1년을 꼬박 하루도 쉬지 않고 매일매일 더 깊게 땅을 팠지만 나오는 것은 쓸모 없는 바위뿐이었습니다. 지치고 낙담한 두 사람은 다른 채굴자에게 땅을 헐값에 팔고 짐을 싸서 다시 동부로 돌아왔습니다. 그 후 새로운 직업을 얻어서 새로운 삶을 시작했습니다.
얼마 후 두 남자는 땅을 산 채굴자가 광산 기술자를 불러서 그 땅의 가치를 평가했다는 소식을 들었습니다. 기술자는 땅을 면밀히 조사한 뒤 그 땅에 금이 묻혀 있다고 결론을 내렸습니다. 하지만 두 사람은 잘못된 방향으로 땅을 팠기 때문에 금을 캐지 못했던 것이죠. 기술자는 다른 방향으로 파면 금을 캘 수 있을 것이라고 예측했습니다. 새 주인은 두 남자가 팠던 곳에서 불과 60㎝ 떨어진 곳에서 금맥을 발견했고 그곳에서 몇 년 동안 4,000만 달러어치 이상의 금을 캐냈습니다. 두 남자는 전문 지식을 가진 광산 기술자를 고용하지 않았기 때문에 너무 빨리 포기했던 것입니다.

두 남자는 이 소식을 전해들은 후 자신들의 삶을 바꾸고 마침내는 성공을 가져다 줄 새로운 결심을 했습니다. 앞으로는 좀 더 열심히 노력하고, 좀 더 깊이 파고들고, 새로운 사업에 뛰어들 때는 그 분야의 전문가를 고용해서 도움을 받겠다고 결심한 것이죠.

여러분, 우리도 역시 금을 찾아 땅을 파고 있습니다. 우리 앞에는 무제한의 가능성이 놓여 있습니다. 우리가 한 팀으로 서로의 지식을 공유하고, 더 깊이 파고들고, 더 많이 노력하고, 끝까지 포기하지 않는다면, 마침내는 성공을 거둘 수 있습니다.

재미있는 이야기로 마무리하라

재미있는 이야기로 마무리할 수도 있다. 농담이나 이야기로 사람들을 웃게 만들고 나서 그것과 연결되는 교훈이나 강연의 요점을 다시 한 번 이야기한다.

나는 계획과 인내에 대한 강연에서 우리 내부의 가장 큰 적인, 저항이 없는 가장 쉬운 길로 가려는 경향에 대해 이야기했다. 그리고 다음과 같은 이야기를 들려주었다.

올레와 스벤이 미네소타로 사냥을 가서 사슴을 한 마리 잡았습니다. 그들은 사슴을 트럭에 싣기 위해 꼬리를 잡고 끌기 시작했습니다. 그런데 계속 미끄러지면서 꼬리를 놓쳤습니다.
옆에서 걸어가던 한 농부가 "뭐하고 있는 겁니까?"라고 물었습니다.
올레와 스벤은 "사슴을 트럭까지 끌고 가려고요"라고 대답했습니다.
그러자 농부가 말했죠.
"꼬리를 잡고 끌면 안 되죠. 신이 만들어준 손잡이를 잡고 끌어야 해요. 그게 바로 뿔이라는 겁니다. 사슴을 뿔을 잡고 끌어야 해요."

올레와 스벤은 "좋은 생각이네요, 감사합니다"라고 인사를 하고는 사슴의 뿔을 잡고 끌기 시작했습니다. 5분쯤 지났을 때 그들은 상당히 빨리 걷고 있었습니다. 올레가 스벤에게 말했습니다.

"스벤, 농부 말이 맞았어. 뿌리를 잡고 끄니까 훨씬 쉽네."

스벤이 대답했습니다.

"맞아, 올레, 그런데 우리가 트럭에서 점점 멀어지고 있어."

사람들의 웃음이 잦아들면 이렇게 말한다.

"대부분의 사람은 쉬운 길로 가려고 합니다. 하지만 그러면서 자신의 진정한 목표인 '트럭'에서 점점 멀어지고 있습니다."

시를 낭송하라

시를 한 편 낭송하는 것으로 마무리하는 것도 좋다. 당신이 전하고자 하는 메시지를 요약해서 담고 있는 훌륭한 시가 많이 있을 것이다. 그중에서 감동적이고, 극적이며, 감정을 자극하는 시 한 편을 선정한다.

몇 년 전, 나는 뇌종양으로 사망한 절친한 친구의 장례식에서 추도문을 낭독한 적이 있다. 그는 젊은 시절 제2차 세계대전에 공군으로 참전했는데 북아프리카에서 겪었던 일을 늘 기억하고 있었다. 가족과 친구, 지역사회에 대한 그의 귀중한 공헌에 대해 언급하고 「항공병」이라는 시를 낭송했다. 이 시는 전사한 공군 병사를 이렇게 묘사하며 끝난다.

"그는 땅의 구속을 끊고 신의 얼굴을 만졌다."

그것은 훌륭한 한 남자의 삶의 본질을 아름답게 요약하고 참석한 사람들에게 감동을 주며 마무리할 수 있는 대단히 효과적인 방법이었다.

감동을 주며 마무리하라

감동이나 감화를 주는 이야기로 마무리할 수도 있다. 사람들에게 희망을 주는 강연을 했다면 희망은 언제나 인류에게 종교와 같았다는 것을 기억하라. 사람들은 미래에 더 훌륭한 사람이 되거나 뭔가 더 나은 일을 하는 방향으로 동기 부여를 받거나 영감을 받는 것을 좋아하다.

당신의 강연을 듣고 있는 사람들은 모두 문제나 어려움, 도전과 낙담, 좌절과 일시적인 실패를 겪으며 살아가고 있다는 점을 기억하라. 그렇기 때문에 그들은 힘과 용기를 북돋아주는 이야기나 시를 들려주면 좋아한다.

나는 몇 년 동안 세미나의 마지막을 로버트 W. 서비스(Robert W. Service)의 「멈추지 말라 Don't Quit」나 「계속 나아가라! Carry on」을 낭송하는 것으로 마무리했다. 이 시는 언제나 청중으로부터 호평을 받았다.

스토리를 들려주거나 시를 낭송할 때는 배우가 되어야 한다. 말의 속도를 늦추고 말에 감정과 극적 효과를 더하라. 이 책에 소개된 모든 기술을 사용하라. 시의 중요한 행에서는 목소리를 높였다가 내밀하고 정서적인 무언가를 말할 때는 톤을 낮추어라. 이따금 속도를 빨리 했다가 가장 기억에 남을 만한 부분에서는 속도를 늦추어라.

특히 잠깐 멈추는 회수를 평소 대화할 때보다 두 배로 늘려라. 중요한 부분을 말하기 직전이나 직후에 극적 효과를 위해 잠시 멈추어라. 한 행이 끝나면 청중이 그 의미를 충분히 음미하고 이해할 수 있도록 잠시 멈추어라. 재미있는 행을 읽을 때는 미소를 짓고, 생각을 하게 하거나 감동을 주는 행에서는 진지한 표정을 지어라. 강연의 막바지에 이르면 마지막 문장에서 목소리를 그냥 낮추지 말고 높여라. 마치 문장 끝에 '감탄 부호'가 있다고 생각하라.

끝났다는 것을 분명히 알게 하라

맺음말을 할 때는 당신이 강연을 마쳤음을 청중이 확실히 알게 해야 한다. 강연이 끝났음을 청중이 모호하게 여기거나 혼란을 느껴서는 안 된다. 강연은 이제 끝났다는 사실을 확실히 알아야 한다.

많은 강사가 강연이 그저 서서히 가라앉는 것처럼 마무리를 한다. 예를 들어 "이제 다루어야 할 이야기는 다 다룬 것 같군요. 감사합니다"라며 끝내는 것이다. 이것은 절대 좋은 방법이 아니다. 강력하지도 권위가 느껴지지도 않기 때문에 당신의 신뢰도와 영향력을 손상시킨다.

강연을 마무리할 때는 몸을 움직이지 않도록 해야 한다. 청중 가운데 친근한 표정을 짓고 있는 한 사람을 선정해서 그를 똑바로 바라보라. 괜찮다면 그 사람을 보며 따뜻한 미소를 지으면서 당신의 강연이 끝났다는 신호를 보내라.

원고를 이리저리 뒤적이거나, 옷이나 마이크를 만지작거리거나, 앞뒤로 혹은 옆으로 왔다 갔다 하지 말고 그저 나무처럼 가만히 서 있어라.

청중의 박수를 유도하라

강연이 끝나면 청중은 박수를 보내려고 할 것이다. 그들은 당신이 이제 박수를 보낼 때라는 확실한 신호를 주기를 원한다. 강연이 끝났다는 것을 더 빨리 눈치채는 사람들도 있다. 대부분의 경우 당신이 맺음말을 한 뒤 말을 멈추면 청중은 완전히 조용해진다. 강연이 끝났는지 확신하지 못하기 때문이다. 그들은 당신이 마지막으로 한 말을 떠올리며 그것이 맺음말인지 곱씹어 생각한다. 다른 누군가가 박수를 치기 전까지는 무엇을 해야 할지 모르고 앉아있을 수도 있다.

몇 분처럼 느껴지는 기나긴 몇 초가 지난 뒤에야 청중은 박수를 친다. 처음 누군가가 박수를 치기 시작하면, 다른 사람이 따라서 치고 마침내 모두가 박수를 치기 시작한다. 누군가 처음으로 박수를 치면 그 사람을 쳐다보며 미소를 짓고 "감사합니다"라고 말하라. 더 많은 사람이 박수를 치면 한 사람 한 사람을 천천히 돌아보며 고개를 끄덕이고 미소를 지으면서 "감사합니다"라고 말하라. 마침내 청중석에 앉은 모두가 당신에게 박수를 보낼 것이다.

기립 박수

당신의 강연이 감동적이고 청중과 교감을 충분히 나눈 것이라면 누군가는 일어나서 박수를 칠 것이다. 이때 그 사람을 쳐다보며 "감사합니다"라고 말함으로써 다른 사람들을 고무하라. 그러면 앉아 있던 사람들도 즉각 일어나서 박수를 보낼 것이다. 서 있는 사람들을 보면 앉아 있던 청중도 따라 일어나서 박수를 보내게 마련이다.

강연을 끝낸 강사가 조용히 서 있을 때 청중 또한 조용히 앉아 있기만 하는 경우도 종종 있다. 하지만 강사가 편안한 표정으로 서서 청중이 강연이 끝났음을 알아차리기를 기다리면, 청중석에서는 한 사람씩 박수가 터져 나오기 시작하고 연달아 일어서기도 한다.

손을 뻗으면 닿을 만큼 가까운 거리에 있는 맨 앞줄에 앉은 청중 중에 기립 박수를 보내는 사람이 있다면 몸을 앞으로 기울여 그 사람과 악수를 하라. 그러면 나머지 많은 사람은 당신이 자신들과 악수를 하며 자랑스러워한다고 느낀다. 그들은 기립 박수를 보낼 것이고 곧이어 강의장 전체가 열렬하게 기립 박수를 보낼 것이다.

기립 박수를 받았든 안 받았든 사회자가 무대로 올라와 청중을 대표해 감사 인사를 건네면 활짝 웃으며 사회자와 따뜻하게 악수를 하라. 사회자와 포옹을 하고 청중에게 손을 흔들어 인사를 하면서 옆으로 물러나 사회자에게 무대를 내어 준다.

훌륭한 연설의 힘

모든 비즈니스나 친목 모임에서 이야기를 효과적으로 잘 하는 능력은 당신의 인생에 생각보다 훨씬 큰 영향을 미칠 수 있다. 당신에게 도움을 주고 기회의 문을 열어 줄 사람들의 주의를 끌 수도 있다. 지금보다 여러 모로 나은 직장으로 연결해 주거나 빠른 승진을 선물해 주기도 한다.

무엇보다도 사람들 앞에서 프레젠테이션을 설득력 있게 할 수 있는 능력은 당신의 자존감과 자긍심, 자신감을 높여준다. 다양한 방법으로 타인을 설득하고 그들에게 영향력을 발휘할 수 있다는 것을 알면 당신은 자신의 능력과 기량이 어마어마하다고 느끼게 된다. 그리고 가장 다행스러운 것은 훈련과 반복된 연습을 통해 이런 기술들을 습득할 수 있다는 사실이다. 연설의 힘을 키우는 데 있어서 한계는 없다.

요약

강연의 맺음말은 청중에게 지나치다고 해도 될 만큼 큰 영향을 미친다. 세심하게 선별한 당신의 맺음말은 청중으로 하여금 생각하고, 느끼고, 행동하게 할 수 있다. 그것은 당신의 강연이 아니었다면 일어나지 않았을 변화다. 어쩌면 당신이 그들의 인생을 바꿀 수도 있다.

Chapter 12

성공하는 세일즈 프레젠테이션

누군가 무언가를 팔기 전까지는 아무 일도 일어나지 않는다.

- 레드 모틀리(Red Motley)

사람은 누구나 무언가를 판매하는 일을 한다. 당신은 얼마나 잘 판매하는 사람인가? 누군가에게 무언가를 판매한다는 것은 거절당하거나 실패할 확률이 높은 일이다. 그래서 대부분의 사람은 판매하는 일을 두려워하고 판매업에 종사한다는 것에 굉장한 트라우마가 있다. 3장에서 이야기했듯이 사람은 누구나 실패하거나 거절당할 것을 두려워한다. 때로는 이러한 두려움이 우리의 생각이나 감정 중에 너무나 크게 자리잡고 있기 때문에 우리는 살아가면서 실패하거나 거절 당할 가능성이 있는 상황을 최대한 피하려고 한다.

사람들은 자신을 잘 수용해주는 관계를 선택한다. 실패하거나 거절당할 확률이 낮은 직업을 선택하며 자신을 '있는 그대로' 인정하고 받아들여 주는 사람들과 사귀려고 한다.

설득이 핵심이다

그럼에도 불구하고 사람은 누구나 어떤 유형으로든 판매 활동을 하고 있다. 누구나 타인을 설득해서 자신의 관점을 받아들이게 하는 것과 관련된 일을 한다. 배우자에게 어떤 식당으로 외식을 하러 나가자고 설득하는 일도 아이들을 잠자리에 들게 하는 일도 결국은 일종의 판매 행위에 속하는 것이다.

물론 사람들은 이런 식으로 생각하지 않는다. 나는 한 대형 회계 법인에서 근무하는 수석 회계사들을 상대로 강연을 한 적이 있다. 그 회사는 나에게 설득의 기술을 주제로 강연해 줄 것을 요청했다. 나는 다음과 같은 질문으로 강연을 시작했다.

"여기 계신 분들 중에 몇 분이나 판매 활동에 종사하고 계십니까?"

강연장은 쥐 죽은 듯 조용했다. 회계사들이 회계 전문직을 선택한 주요 이유 중 하나는 누군가에게 물건을 판매할 일이 전혀 없기 때문에, 따라서 거절당할 가능성이 매우 낮기 때문이다. 따라서 자신들이 판매 일을 한다는 생각은 한 번도 해 보지 않은 것이다. 나는 잠시 기다렸다가 말했다.

"제가 질문을 애매하게 한 것 같군요. 여기 계신 분들 중에 몇 분이나 실제로 판매 활동을 하고 계신가요?"

잠시 침묵이 흐른 뒤 한 고위 간부가 비로소 내 질문을 이해하고는 천천히 손을 들고 주위를 둘러보았다. 상사가 손을 든 것을 본 다른 회계사들도 하나 둘씩 손을 들기 시작했다. 자신들도 판매 활동을 하고 있다는 사실을 깨달은 것이다.

누구나 판매 활동을 한다

나는 또 다시 질문을 던졌다.

"새로운 일거리를 끌어왔기 때문에 이곳에 앉아 있다고 생각하는 분 있습니까? 여러분의 연봉과 승진이 고객의 수나 연간 매출을 늘린 성과에 좌우된다고 생각하시는 분은 손을 들어 보세요"

이번에는 모두가 아무 망설임 없이 손을 들었다. 나는 이렇게 말했다.

"그렇다면 여기 계신 여러분은 모두 판매 활동을 하고 있습니다. 문제는 얼마나 잘 판매하느냐입니다. 지금부터 저는 의심 많은 고객들을 훨씬 더 잘 설득시키는 데 도움이 되는 몇 가지 방법을 알려드리려고 합니다."

당신 자신을 판매하라, 당신의 생각을 판매하라

대중 연설은 일종의 판매 행위다. 세일즈 프레젠테이션의 원칙은 대중 연설에 적용되는 원칙과 많은 부분에서 동일하다. 결국 듣는 사람들이 당신에게 호감을 가지고 당신을 신뢰할수록, 당신의 메시지를 수용하는 데 대한 그들의 두려움은 낮아진다. 당신을 더 많이 신뢰할수록 그들은 마음을 더 많이 열어 당신의 영향력을 받아들인다. 당신을 완벽하게 신뢰할 때 당신의 제안과 제시를 따른다. 세일즈처럼, 누군가에게 혹은 어떤 단체에게 스피치를 하는 목적은 그들을 설득해서, 당신의 영향력이 없었다면 하지 않았을 생각과 행동을 하게 하는 것이다.

당신은 늘 선택 앞에 높여 있다. 설득력과 영향력을 가진 사람이 되느냐,

아니면 다루기 쉬운 수동적인 사람이 되느냐, 두 가지 가운데 하나를 선택해야 한다. 사람들이 당신의 일에 협조하게 하느냐, 아니면 당신이 그들의 일에 협조하느냐는 당신에게 달려 있다.

다행히도 세일즈는 후천적으로 터득할 수 있는 기술이다. 오늘날 최고의 세일즈맨들도 한때는 형편없는 판매 실적을 보였던 사람들이다. 현재 세일즈 부문 상위 10%에 속하는 사람들도 처음에는 하위 10%에 속하던 사람들이다. 연습과 꾸준한 반복을 통해 판매 기술을 습득할 수 있다. 상대를 설득하고, 상대와 소통을 하고, 상대에게 효과적으로 영향을 미칠 수 있게 된다. 이런 모든 세일즈 기술은 누구나 배울 수 있는 것이다.

상대의 두려움을 줄여주고 당신의 영향력을 높여라

앞에서도 언급했듯이 사람은 누구나 타인에게 조종당하거나 이용당하는 것에 대한 두려움을 갖고 있다. 원하지도 필요하지도 않은 것, 사용할 수도 없거나 너무 비싼 물건을 사고 싶은 사람은 없다. 다른 사람의 말에 속아서 무언가를 구매한 뒤 후회하며 자신을 탓하고 싶은 사람은 없다. 그래서 당신의 서비스나 아이디어를 가지고 가망 고객에게 접근했을 때 그들은 과거의 불쾌한 경험으로 인해 경계하고 의심을 품는다. 세일즈를 위한 대화에서 가장 먼저 해야 하는 일이 그들의 두려움을 낮추고 그 자리에 신뢰를 심어 주는 것이다. 나는 가끔 청중에게 다음과 같은 질문을 한다. "판매를 할 때 그리고 사회생활을 할 때 가장 중요한 말은 무엇입니까?

당신의 판매량과 판매 속도, 수입, 생활 수준, 라이프 스타일, 그리고 당신이 직장과 사회에서 성취하는 모든 것을 결정하는 가장 중요한 것을 한 단어로 말하자면 무엇입니까?

그러면 거의 대부분의 사람은 아무 말도 하지 못한다. 그때 내가 그 답을 이야기한다.

"바로 신뢰입니다."

모든 공적인 업무나 스피치, 판매나 비즈니스에서 성공을 결정짓는 가장 중요한 단어는 바로 '신뢰'다. 사람들은 당신을 신뢰할수록 마음을 열고 당신의 말에 더 쉽게 설득당한다.

신뢰에 영향을 미치는 모든 것

시소를 생각해 보라. 당신이 처음 고객을 만났을 때 시소의 한쪽은 굉장히 높이 올라가 있는 상태다. 이는 당신과의 거래에서 실수를 할까 봐 두려워하는 고객의 마음을 나타낸다. 아래쪽으로 낮게 내려가 있는 다른 한쪽은 고객이 당신을 처음 만났을 때 가지고 있는 당신에 대한 신뢰도를 나타낸다.

전화나 이메일을 통해서든 아니면 직접 만나든 당신이 처음 고객과 접촉했을 때 보여 주는 모든 행동이나 말이 시소의 균형에 영향을 미친다. 당신의 신뢰도를 높일 수도 있고 낮출 수도 있다. 그렇기 때문에 모든 것이 중요하다!

말하는 방식, 걸음걸이, 옷차림, 악수하는 방식, 고객과의 상호 작용은 어떤 식으로든 당신의 신뢰도에 영향을 미친다. 판매를 성사시키거나 고객이 당신의 제안을 수락하게 만들기 위해서는 상대방의 두려움은 낮아지고 당신에 대한 신뢰도는 높아져야 한다. 그래서 상대방이 완벽하게 확신한 후 당신과 거래를 할 수 있어야 한다.

'사람은 누구나 구매하는 것을 좋아하지만 강매당하는 것은 싫어한다'라는 말이 있다. 사람은 누구나 어떤 종류의 제안이든, 자신의 기존의 생각이나 행동을 바꾸라고 설득하려는 모든 시도에 대해 의심하고 경계하게 되어 있다. 과거에 겪었던 좋지 않은 경험 때문에 다시는 속지 않겠다고 다짐한 상태이기 때문이다. 그러한 두려움을 줄이는 방법은 당신에 대한 신뢰도를 높이는 것이다.

효과적인 판매를 위한 7단계

상대가 한 명이든 혹은 단체이든 판매가 이루어지기까지 과정은 다음의 7단계로 진행된다. 판매를 성공시키기 위해서는 청중 앞에서 스피치를 할 때처럼 논리적인 7단계를 생각해서 말해야 한다. 이중 하나라도 놓친다면 판매하거나 설득하려는 노력은 무위로 돌아간다.

1. 가망 고객 발굴하기

판매의 첫 번째 단계는 가망 고객을 발굴하는 것이다. 당신의 제품이나 서비스를 적당한 기간 내에 구매할 가능성이나 용의가 있는 사람들을 찾는 것이다. 가망 고객 발굴은 가장 이상적인 고객이 명확히 누구인지 결정하는 데서 출발한다. 고객의 연령, 직업, 학력, 사회적 지위, 당신이 판매하려는 물품을 사용해본 경험이 있는지 등을 알아야 한다.

기업들은 매년 거금을 들여 자사의 제품이나 서비스를 구매할 가능성이 높은 고객층을 대상으로 시장 조사를 한다. 이처럼 판매를 하거나 강연을 하기 전에 당신이 설득하려는 대상에 대해 철저하게 알아야 한다.

가망 고객의 네 가지 충족 요건

청중과 마찬가지로 가망 고객은 다음과 같은 네 가지 충족 요건을 갖추어야 한다. 그래야 당신에게 마음을 열고 감화를 받거나 당신이 판매하는 것을 구매하게 된다.

첫째, 가망 고객은 현재 완화되지 않은 '고통'을 가지고 있어야 한다. 자신을 괴롭히거나 불행하게 만드는 불만이나 불편하게 느끼는 부분이 있어야 한다. 판매를 시작하기 전에 당신은 고객의 고통이 무엇이고 당신의 제품이나 서비스가 어떻게 그것을 제거해줄 수 있는지 정확히 파악해야 한다.

둘째, 가망 고객에게 해결되지 않은 '문제'가 있어야 한다. 가망 고객은 그 문제가 무엇인지 정확히 알고 있을 때도 있지만 잘 모르는 경우도 있다. 그리고 그런 문제가 아예 존재하지 않기도 한다. 어떤 경우든 당신의 제품이나 서비스가 비용효과적으로 해결할 수 있는 문제를 정확히 파악해야 한다.

셋째, 가망 고객에게 아직 충족되지 못한 '욕구'가 있어야 한다. 가망 고객은 자신의 인생에서 어떤 측면이 나아지기를 바라고 있고 당신의 제품이나 서비스가 그 욕구를 충족시킬 수 있어야 한다. 이때 당신의 제품이나 서비스가 충족시킬 수 있는 욕구가 무엇인지 정확히 파악해야 한다.

넷째, 가망 고객은 아직 성취하지 못한 '목표'를 가지고 있어야 한다. 당신은 고객의 목표를 명확히 파악해 당신의 제품이나 서비스가 적절한 시간 내에 비용효과적인 방법으로 고객의 목표 달성을 도와줄 수 있다는 것을 설득해야 한다.

가망 고객, 비가망 고객

세일즈 프레젠테이션에서 당신이 가장 먼저 해야 할 일은 가망 고객과 비가망 고객을 구별해 내는 것이다. 당신의 제품이나 서비스가 완화하거나 제거할 수 있는 가망 고객의 고통이나 문제, 충족시키거나 성취할 수 있는 욕구나 목표를 파악할 수 있는 질문들을 던져야 한다. '필요가 없으면 판매도 없다'는 것이 원칙이다. 판매를 위한 프레젠테이션이 아닌 비즈니스 회의, 기업 세미나 등의 경우에도 처음에 위의 네 가지 가운데 한 가지 혹은 그 이상을 언급하고 그에 대한 당신의 답이나 해결책을 제시한다.

시작할 때 문제를 분명히 이야기하라

다음은 고객들에게 제품 혹은 서비스의 구매나 어떤 행동을 촉구하는 프레젠테이션에서 오프닝으로 사용하기에 매우 좋은 방법이다.

"보험업계에 따르면 오늘날 직장인들 100명 가운데 65세가 되었을 때 부자가 되는 사람은 1%에 불과하다고 합니다. 4%는 잘 사는 편이고 15%는 어느 정도 저축을 할 수 있습니다. 나머지 80%는 죽거나, 파산하거나, 연금으로 겨우 먹고 살거나, 여전히 일을 한다고 합니다. 이제부터 저는 여러분에게 방금 말한, 상위 5% 안에 들 수 있는 방법과 평생 돈에 대한 걱정은 안 해도 될 만큼 충분히 많은 돈을 벌 수 있는 방법을 알려드리려고 합니다."

2. 고객과의 친근한 관계와 신뢰 쌓기

가망 고객이 개인적인 삶이나 일에 대한 적절한 질문들을 던지고 그에 대한 대답을 경청함으로써 그들과 친밀한 관계를 형성한다. 그리고 당신의 가망 고객과 같은 상황에 처해 있던 사람들을 당신의 제품이나 서비스가 어떻게 도왔는지 설명함으로써 그들의 신뢰를 얻는다.

질문은 친밀한 관계를 형성하는 데 매우 강력한 도구다. 숨김없는 솔직한 질문을 던짐으로써 가망 고객의 생각과 감정 그리고 그가 처한 상황에 대해 당신이 관심을 가지고 있다는 점을 보여 줄 수 있다. 경청을 통해서도 신뢰를 쌓을 수 있다. 질문을 던진 뒤 가망 고객의 대답을 열심히 들을수록 그는 당신에게 더 호감을 가지고, 당신을 더 신뢰하고, 당신의 영향을 더 잘 받게 된다.

구매자들은 무엇을 좋아하는가?

기업에서 수십억 달러 가치의 제품과 서비스의 구매를 담당하는 고위 간부들 수천 명이 가입된 단체인 미국 구매자관리협회(National Association of Purchasing Management)는 매년 회원들을 대상으로 설문 조사를 실시한다. 여기서 질문은 두 가지다. '당신을 찾아오는 세일즈맨 가운데 어떤 사람을 가장 좋아합니까?' 와 '어떤 사람을 가장 싫어합니까?' 이다.

해가 바뀌어도 대답은 항상 같다. 구매자들은 자신들에게 적절한 질문을 해주고, 자신들의 대답을 경청하고, 자신들이 적절한 구매 결정을 내릴 수 있도록 도와주는 세일즈맨이 좋다고 대답했다. 가장 싫은 세일즈맨에 대한 답은 다음과 같다.

"최악의 세일즈맨은 와서 자기 회사의 제품과 서비스에 대한 설명만 늘어놓는 사람입니다. 그들은 저한테 어떤 질문도 하지 않고, 저한테 필요한 것을 말하려 해도 전혀 들으려 하지 않습니다."

가망 고객의 말을 경청하라

고객의 말을 경청하면 그들의 불신과 의심은 사라지고, 두려움은 사그라들고, 당신에 대한 신뢰는 커진다. 당신이 그들의 말에 진심으로 귀를 기울이면 그들은 당신을 좋아하고, 신뢰하며, 당신의 제품이나 서비스에 대한 당신의 설명을 받아들이게 된다.

자신의 제품이나 서비스에 대해 끊임없이 이야기한다고 해서 판매가 이루어지는 것이 아니다. 제품이나 서비스에 대한 질문들을 던졌을 때에 판매가 성사된다. 끊임없이 이야기하는 것은 아무 생각 없이도 할 수 있다. 하지만 제품의 특징이나 장점을 파악하고 그것을 질문으로 만들어서, 고객으로 하여금 당신의 제품에 대해 생각하게 만들고 당신의 질문에 대한 답을 생각하게 만드는 것은 어마어마한 노력과 준비가 필요한 일이다.

같은 말이라도 질문으로 만들어라

"이 복사기는 1분당 무려 32장을 복사할 수 있습니다" 라고 말하는 것보다 "보통 복사기가 분당 몇 장을 복사하는지 아십니까? 고작해야 18장이라는 사실을 알면 깜짝 놀라실 겁니다. 하지만 저희가 개발한 첨단 기술 덕분에 이 복사기는 1분당 32장을 복사할 수 있습니다"라고 말하는 것이 훨씬 설득력이 더 크다. 질문을 던진 다음에 정보를 제시하는 것이 그냥 정보만 알려주는 것보다 훨씬 강력한 효과를 가져온다.

강연을 할 때 나는 언제나 청중에게 질문을 던지고 대답을 기다린다. 대부분의 경우 청중은 답을 하지 않지만, 질문 뒤에 오는 침묵이 주는 역동적인 긴장감은 청중의 주의를 집중시키고 내가 하는 말 한마디 한마디에 귀를 기울이게 만든다. 그런 다음 나는 놀라운 사실이라도 되는 것처럼 답을 말한다. 청중은 이렇게 강연이나 프레젠테이션 도중에 질문하고 답하는 방식을 좋아한다.

관계에 집중하라

하버드 경영대학원의 교수 시어도어 리비트(Theodore Leavitt)는 이렇게 말했다.

"21기의 모든 판매는 인간관계를 통해 이루어진다."

이는 고객이나 청중과 당신 사이에 형성된 관계의 질이 당신의 영향력과 설득력을 결정하는, 가장 중요한 요인이라는 뜻이다. 이것은 감정이 판단이나 평가에 크게 영향을 미치기 때문이다. 상대방이 당신을 좋아하고 신뢰할수록 당신의 제품이나 서비스가 더 훌륭하다고 느낀다는 뜻이다. 당신을 좋아하면 상대방은 당신이 파는 제품의 품질이 더 우수하며 더 가치가 있다고 느낀다. 경쟁사의 제품에 비해 당신의 제품이 가진 문제나 사소한 결함에 대해서는 너그럽게 넘어간다. 당신을 좋아할수록 당신의 모든 행동과 말에 긍정적으로 반응하게 된다.

3. 고객의 욕구 정확히 파악하기

진정한 가망 고객을 가려내고 그 고객과 관계와 신뢰를 형성하는 판매 과정의 처음 2단계를 거치면 당신은 판매를 위한 대화 단계로 진입하게 된다. 하지만 고객에게 지금 당장 절실한 욕구가 있으며 그 욕구를 당신의 제품이나 서비스가 충족시켜 줄 수 있다는 점을 고객이 인정해야만 당신의 제품이나 서비스에 흥미를 갖는다. 절대 고객의 욕구를 짐작해서는 안 된다. 당신의 다른 많은 고객이 같은 욕구를 가지고 있다고 해도, 특정한 고객이 그들과 똑같은 욕구를 가지고 있을 것이라고 섣불리 단정해서는 안 된다.

의사가 진단하는 것처럼 접근하라

판매를 할 때는 의사가 진단하는 것처럼 접근하라. 전공 과목과 상관없이 모든 의사는 환자가 왔을 때 항상 다음의 세 단계를 거친다.

첫째, 의사는 철저한 '검사'를 한다. 혈압, 맥박, 체온을 측정하고 과거와 현재의 상태에 대해 문진을 하는 등 다양한 검사를 시행한다.

둘째, 검사를 다 마친 뒤 잠정적인 '진단'을 내린다. 그리고 검사 결과를 가지고 환자의 증세와 일치하는지 확인한다. 그다음에 의사는 세 번째 단계로 넘어간다. 즉 약을 처방하거나 치료를 하는 것이다. 의사가 환자를 만나자마자 철저한 검사와 진단을 하지 않고 바로 약을 처방하거나 치료를 하면 그것은 의료 과실에 해당한다.

먼저 욕구를 파악하라

마찬가지로 가망 고객을 만났을 때 당신이 판매하는 것을 그들이 당연히 원하거나 필요로 한다고 단정 지어버리면 그것은 판매 과실 행위에 해당한다.

제거하고 싶은 고통이 있으며, 해결해야 할 문제가 있고, 충족시켜야 할 욕구가 있거나 달성하고 싶은 목표가 있다는 사실을 고객이 인정했을 때에만 당신의 제품이나 서비스가 이상적인 선택이 될 것이라고 제안할 수 있다. 그 전에 당신의 제품이나 서비스에 대한 이야기를 먼저 늘어놓는다면, 고객이 가지고 있을 수도 있는 조금의 관심조차 사라지고 만다. 고객은 귀를 막고 당신의 제안을 듣는 일에 완전히 흥미를 잃어버린다.

4. 프레젠테이션하기

판매 과정의 네 번째 단계는 가망 고객에게 당시의 제품이나 서비스가 모든 면에서 가장 이상적인 선택임을 설득력 있게 제시하는 것이다. 제품 자체가 완벽할 필요는 없다. 단지 그 시점에서 고객의 문제를 해결하거나 목표를 성취할 수 있는 최상의 선택이기만 하면 된다.

프레젠테이션을 할 때는 고객의 욕구를 파악하는 단계에서 알아낸 정보를 다시 언급하고, 당신의 제품과 서비스가 고객이 가진 문제를 해결하거나 목표를 성취하는 방법을 차근차근 설명한다. 프레젠테이션은 제품을 구입하도록 설득하는 행위가 아니라, 당신의 제품이나 서비스가 고객의 문제를 해결하는 데 최상의 선택임을 고객에게 '보여 주는' 행위다.

당신이 제안하는 해법의 특징과 이점을 설명하면서 고객이 이러한 사항들을 이해하는지 질문을 던져야 한다. 훌륭한 세일즈맨은 프레젠테이션의 단계마다 고객의 피드백을 요청한다. 반면 실력 없는 세일즈맨은 자신의 제품의 특징과 이점만을 설명하며 프레젠테이션을 모두 마친 뒤, 마지막에 가서 "자, 어떻게 생각하십니까?"라고 묻는다.

가망 고객에게 당신이 제시하는 정보를 이해하고 생각할 충분한 시간을 주지 않으면 그는 "괜찮은 것 같군요, 한 번 생각해 볼게요"라고 대답할 수밖에 없다. 그에게 확신을 주지 못한 것이다. "생각해 볼게요"는 고객들이 흔히 "살 생각이 없으니 그만 가세요"라고 말하고 싶을 때 하는 표현이다. 그들은 생각해 볼 뜻이 없다. 그저 "프레젠테이션을 너무 빨리 진행해서 이해가 잘 되지 않습니다. 그리고 당신의 제품이나 서비스를 지금 사야 할 이유도 없는 것 같습니다. 어쨌든 와주셔서 감사합니다"라는 말을 예의 바르게 표현한 것뿐이다.

5. 거절에 대응하기

다섯 번째 단계는 가망 고객이 제기하는 의문이나 염려, 반대 의견에 대응하는 것이다. 세일즈에는 늘 거절이나 반대가 따르게 마련이다. 가망 고객은 지금까지 다양한 경험을 해왔기 때문에 거의 매번 가격이나 조건, 상태, 품질, 경쟁력, 타당성, 효용성 등에 관한 일련의 질문들을 던지게 마련이다.

성공한 세일즈맨은 미리 고객이 제기할 모든 논리적인 반대 의견을 철저하게 검토한 뒤, 각각에 대한 확실하고 설득력 있는 답을 준비해 둔다. 고객이 반대 의견을 제기하면 그 의견을 인정하고 칭찬한 뒤, 그 문제를 쉽게 해결할 수 있는 방법과 그것이 문제가 되지 않는 이유를 설명한다.

반면 실력 없는 세일즈맨은 아무 준비 없이 즉흥적으로 대처한다. 반대 의견을 제기하면 화를 내거나 어떻게 대응해야 할지 몰라 당황해한다. 결국 그들의 세일즈는 항상 실패를 거듭한다.

6. 세일즈 마무리하기

여섯 번째 단계는 마무리하기다. 이때 고객에게 지금 구매 결정을 내려 달라고 요청한다. 골프를 치는 사람들은 "드라이브는 쇼, 퍼팅은 돈"이라는 말을 종종 쓴다. 세일즈에서 지금까지 해온 다섯 단계의 모든 과정은 쇼에 해당한다고 볼 수 있다. 궁극적인 성공 여부는 고객이 망설임이나 의심을 극복하고 확실한 구매 결정을 내릴 수 있도록 이끄는 당신의 마무리 능력에 달려 있다.

구매 결정 유도

판매를 마무리 짓는 가장 간단한 방법은 "제가 미처 다루지 못한 질문이나 문제점이 있으면 말씀해 주시겠습니까?"라고 묻는 것이다. 고객이 "없습니다"라고 대답하면 구매 결정을 이끌어 낼 수 있도록 구매 유도 기법을 사용해야 한다. "그렇다면 한 번 사용해보시겠습니까?" "저희 서비스를 한번 이용해 보시겠습니까?"라고 말하는 것이다. 자동차나 가구, 주택 등을 판매하는 경우라면 "지금까지 살펴보신 느낌이 어떻습니까?"라고 묻는다. 고객이 "아주 좋은데요"라고 대답하면 "그러면 한번 구입해 보시죠"라고 권한다.

구매 유도 기법은 가망 고객이 당신의 제품을 구입함으로써 자신이 원하는 이득을 얻을 수 있다고 확신할 때 세일즈를 가장 쉽고 효과적으로 마무리하는 방법이다.

지도적인 마무리

또 다른 강력한 마무리 기술은 지도적인 마무리다. 여기에서도 역시 "제가 미처 다루지 못한 궁금한 사항이나 문제점이 있습니까?"라고 묻는다. 고객이 "없습니다"라고 대답하면 구매 의사가 있는 것으로 받아들이고 "그렇다면 다음 단계로 넘어가겠습니다"라고 하면서 당신의 제품이나 서비스를 구매하기 위한 절차를 설명한다. 예를 들어 이렇게 말하는 것이다. "자, 그러면 이제 여기 두 장의 양식에 서명하시고 2,995달러를 내시면 됩니다. 이 서류를 사무실에 가지고 가서 주문을 완료하면 다음 주 수요일

오후에 배달될 것입니다. 어떻게 괜찮으십니까?"

지도적인 마무리의 위력은 당신이 주도권을 가지고 대화를 이끌어 간다는 데 있다. 성공적인 판매로 마무리하는 것이다.

마무리 기술은 습득할 수 있다

대다수 사람은 처음 5단계까지는 잘 하다가 고객에게 구매 결정을 요청하는 6단계에 이르면 반마비 상태가 된다. 마치 자동차 헤드라이트에 놀라서 걸음을 멈춘 사슴처럼 말이다. 그들은 그 자리에서 얼어붙는다. 심장 박동이 빨라지면서 안절부절못하고 초조해한다. 구매 결정 요청을 했을 때 거절당할까 봐 두려워하는 것이다.

하지만 걱정하지 말라. 세일즈를 마무리하는 기술을 배워서 연습에 연습을 반복하다 보면, 당신도 마침내 어떤 상황에서든 매끄럽고 효과적이고 차분하게 구매 결정을 요청할 수 있게 될 것이다.

구매 결정을 요청하라

사무실을 돌아다니면서 할인 카드를 판매하는 일을 했을 때 나는 열정적으로 프레젠테이션을 잘 해냈다. 하지만 구매를 요청할 시점이 오면 나는 완전히 얼어붙어서는 "그럼, 어떻게 생각하십니까?"라고 내뱉듯이 말하곤 했다. 그러면 고객들은 거의 대부분 "아주 좋아 보이네요, 한 번 생각해 볼게요. 다음에 전화해 주세요"라고 말했다. 몇 주 후 나는 그 도시의 모든 사람으로 하여금 나의 상품에 대해 '생각' 하게 만들었다. 하지만 전화를 주는 사람은 아무도 없었다. 그때 나는 '생각해 볼게요' 혹은 '다음에 전화 주세요'는 고객의 완곡한 거절 표현이라는 사실을 알게 됐다.

그러던 어느 날 나는 제품이나 고객이 문제가 아니라는 사실을 문득 깨달았다. 문제는 나에게 있었다. 구매 결정을 요청하는 데 대한 두려움이 나의 발목을 잡고 있었던 것이다. 나는 그날 이후로는 제품에 대한 관심을 가진 가망 고객으로부터 '다음에'라는 말은 절대로 듣지 않겠다고 결심했다.

다음 날 아침 나는 어떤 사무실로 들어가 상품에 대한 설명을 했다. 고객은 고개를 끄덕이고 미소를 짓더니 "괜찮은 것 같군요, 생각해 볼게요. 다음에 전화 주시겠습니까?"라고 말했다. 나는 용기를 내서 "다시 전화 드리는 일은 없을 것입니다"라고 대답했다. 그 순간 그는 나를 올려다보더니 "뭐라고 하셨죠?"라고 물었고 나는 "다시 전화 드리는 일은 없을 것입니다. 지금 구매 결정을 내리는 데 필요한 설명은 다 드렸습니다. 지금 바로 구매하시는 건 어떻습니까?"라고 말했다.

그러자 그는 놀라운 말을 했다. 그의 이 한마디는 이후 나의 세일즈 실적을 완전히 뒤바꾸어 놓았다.

"그래요, 다시 전화하지 않으시겠다면 지금 바로 사죠, 뭐."

그는 주문서에 서명을 하고 비용을 지급했다. 나는 구름 위를 걷는 듯한 기분으로 그 사무실을 나왔다. 그리고 곧바로 다음 사무실에 들어가 상품에 대한 설명을 했다. 가망 고객은 "괜찮네요, 다음에 다시 전화해 주시겠어요?"라고 대답했고 나는 이번에도 역시 "다시 전화 드리지 않겠습니다. 지금 구매 결정을 내리는 데 필요한 것은 다 설명해 드렸습니다. 지금 바로 구매하시는 건 어떻습니까?"라고 말했다. 그러자 그 고객도 상품을 구매했다. 다음 고객도, 다음 고객도 마찬가지였다. 그때부터 만나는 거의 모든 고객에게 상품을 팔았다. 구매 결정을 요청하기 시작하자, 그 이전에 1주일 내내 팔았던 것보다 더 뛰어난 실적을 단 하루 만에 올릴 수 있었다.

당신에 대한 거절이 아니다

 돌이켜 생각해 보면 문제는 두려움 때문에 구매 결정 요청을 하지 못하는 나에게 있었다. 당신의 세일즈 활동에서도 많은 경우 그럴 것이다. 거절에 대한 두려움이 너무 커서 당신의 상품에 굉장한 관심을 가진 가망 고객을 두고도 판매에 실패하는 것이다.

 거절에 대한 두려움을 극복하기 위해 반드시 알아야 할 것은 거절은 당신 자신에 대한 것이 아니라는 사실이다. 당신에 대해 혹은 당신의 제품에 대해 부정적인 반응을 보이더라도 그것은 당신의 인격이나 당신이 제안하는 제품의 질과는 무관하다. 그것은 그 사람이 판매 제안을 거절해야 하는 상업주의적 사회에서 자라고 살아왔기 때문이거나, 그가 이미 수많은 구매 결정으로 인해 어찌할 바를 모르는 상태에 처해 있기 때문이다. 당신 자신에 대한 거절이 아니다.

7. 재구매와 소개 이끌어 내기

 판매 과정의 마지막 단계는 만족한 고객으로부터 재구매를 이끌어 내고, 그 고객이 다른 사람에게 당신의 제품을 추천하게 만드는 것이다. 이를 위해서는 고객이 구매를 결정한 직후부터 고객 관리에 신경을 써야 한다.

구매자의 후회를 방지하라

고객들은 구매를 결정한 직후에 자신의 결정을 후회하고 마음을 바꾸는 경우가 많다. 따라서 이런 상황에 대해서도 철저히 대비해야 한다.

훌륭한 세일즈맨은 판매 후의 고객 서비스를 중요하게 생각한다. 고객들이 제품에 대해 만족하게 할 뿐 아니라 제품이 배송되고 설치되는 방식과 서비스에 대해서도 충분히 만족하게 하여, 재구매를 하고 지인들에게 추천하게 만든다.

가장 쉽고 가장 수익성이 높은 세일즈

전혀 구매한 적이 없는 새로운 고객에게 판매하는 것보다 만족한 고객에게 재구매를 유도하는 것이 10배는 더 쉽다. 즉 기존 고객의 재구매를 유도하는 일에 드는 시간과 돈과 노력이, 처음부터 시작하거나 새로운 고객을 발굴하는 것에 비해 10분의 1밖에 들지 않는다는 것이다. 이미 만족한 고객과 당신 사이에 높은 수준의 신뢰가 쌓여 있기 때문이다.

전혀 모르는 사람을 방문하거나 전화를 해서 판매하는 것보다 만족한 기존 고객의 소개를 받은 사람에게 판매하는 것이 15배는 더 쉽다. 소개받은 누군가를 방문할 때는 소개를 해준 기존 고객의 신뢰가 든든한 힘이 되기 때문이다. 소개받은 사람은 이미 당신과 당신이 판매하는 제품을 신뢰하고 있는 상태다. 당신은 그저 고객의 특정한 욕구나 문제점을 명확히 알아내서 당신의 제품이나 서비스가 어떻게 그러한 욕구를 충족시키고 문제점을 해결할지 보여 주고 구매 결정을 요청하면 된다.

그룹을 대상으로 판매하기 : 팀 프레젠테이션

요즘의 상품과 서비스는 매우 복잡한 경우가 많다. 한 명의 의사결정자를 찾아가 그가 제품이나 서비스를 구매하는 결정을 내리면 되는 단순한 방식이 아니라, 한 번에 여러 사람에게 제품에 대한 프레젠테이션을 해야 할 경우가 많다.

이렇게 그룹을 대상으로 프레젠테이션을 할 때에는 몇 가지 단계를 따라야 한다. 당신이 혼자서 프레젠테이션을 하는 경우에도, 회사 내의 다른 사람들과 함께 프레젠테이션을 하는 경우에도 마찬가지다.

구매 결정이 내려지는 과정을 파악하라

먼저, 가망 고객의 회사 조직의 정치적 구조를 파악하라. 어떻게 구매 결정이 내려지는가? 과거에는 어떻게 내려졌는가? 해당 업계에서 당신이 취급하는 제품이나 서비스를 구매할 때 가장 중점적으로 고려하는 사항이 무엇인가?

개인마다 구매 전략이 있듯이 회사도 각기 자사만의 구매 전략을 가지고 있다. 다양한 판매자에게 알아보는 회사도 있고, 한 판매자와 높은 수준의 신뢰 관계를 형성한 뒤 그 판매자하고만 거래하는 회사도 있다.

또는 회사 내의 다양한 사람들이 판매자를 만나서 그가 그들의 욕구를 충분히 충족시킬 수 있다는 확신이 들어야만 구매를 결정하는 회사도 있다. 어떤 경우든 처음 만났을 때 해당 조직에서 구매가 결정되는 과정을 파악해야 한다.

중요 인물을 파악하라

그룹을 대상으로 팀 프레젠테이션을 하기 전에 참석한 대상자들의 이름, 직책, 관심 분야를 파악해야 한다. 그들에게 전화를 걸어서 그들이 가장 우려하는 부분과 달성하고자 하는 목표 등이 무엇인지 직접 물어보는 것이 가장 좋다.

프로는 철저한 준비에서부터 출발한다는 사실을 명심하라. 가장 중요한 것은 그들이 어떤 욕구를 가지고 있는지 파악하는 것이다. 이런 유형의 구매를 결정하거나 지지할 때 무엇을 가장 중요하게 생각하는지 파악하라.

최종 결정권자를 파악하라

구매 결정을 내릴 때는 반드시 최종 결정을 내릴 수 있는 한 사람이 있게 마련이다. 다른 모든 사람은 반대할 수는 있지만 최종 결정은 그 한 사람이 내린다. 당신은 이 최종 결정권자, 즉 구매를 결정하거나 반대할 권한을 가지고 있는 사람을 찾아야 한다. 그 사람은 앞자리에 앉아서 많은 질문을 할 수도 있고 조용히 앉아서 듣고 있기만 할 수도 있다. 어쨌든 당신은 최종 결정권자를 찾아서 그에게 당신의 요점을 강력하게 전달해야 한다.

핵심 이익을 찾아라

모든 구매 결정에는 핵심적인 이익 즉 '핫 버튼'이 존재한다. 고객은 자신이 구매를 했을 때 받게 될 핵심 이익이 있다고 확신해야만 구매를 결정한다. 따라서 프레젠테이션을 할 사람들을 만나기 전에 그 회사 사람을 만나 "당신의 회사에서 우리 제품을 구매하기 전에 확실히 알고자 하는 것이 무엇입니까?"라고 반드시 물어봐야 한다.

중요 반대 의견을 찾아라

판매를 방해하는 주요 장애물을 찾아야 한다. 고객을 주저하게 만들고 당신의 제품을 구매하지 못하게 막는 것이 무엇인가? 이 질문에 대한 답은 고객이 지닌 현재의 욕구나 과거의 경험을 토대로 찾을 수 있다. 해당 회사에 당신의 친구가 있다면 '이런 구매 결정을 내릴 때 지연시키거나 주저하게 하는 주요 장애물이 뭐야?'라고 물어 보라.

판매를 성사시키려면 반드시 그 답을 알아내야 한다. 동시에 고객에게 가장 필요한 것이 무엇인지, 구매 결정을 망설이게 하고 지연시키는 장애물이 무엇인지 정확하게 파악해야 한다. 그런 다음 당신과의 거래를 통해 중요 장애물이나 두려움이 어떻게 해결될 것인지 보여 주면서 고객이 얻게 될 핵심 이익을 반복해서 강조해야 한다.

프로 세일즈맨의 기법 활용하기

청중에게 강연을 할 때 특히 청중으로 하여금 당신의 제안을 받아들이게 하고 싶을 때 앞에서 설명한 판매의 7단계를 어떻게 활용할지 생각해 보라. 이것을 활용하면 강연을 명확하고 효과적으로 전개해 나갈 수 있다. 당신의 제안을 통해 제거하고 해결할 수 있는 청중이 겪고 있는 고통과 문제를 파악하라. 당신의 권고를 통해 충족시키고 성취할 수 있는 청중의 욕구나 목표를 파악하라.

친밀한 관계와 신뢰를 구축하라

강연을 시작할 때 친밀한 관계와 신뢰를 형성할 수 있는 시간을 가져라. 청중에게 질문을 던지고 그들의 대답을 기다려라. 소리를 내어 대답하든 속으로만 생각하든 상관없다. 청중과 함께 있는 것이 진심으로 기쁘다는 듯이 따뜻하고 친근하고 상냥하게 대하라. 그러면 친밀한 관계와 신뢰가 형성되어 청중은 마음을 열고 강연 내용을 받아들일 것이다.

청중의 욕구를 명확히 파악하라

청중이 자신의 욕구가 무엇인지 분명히 알 수 있도록 도와주어야 한다. 수많은 가망 고객이 처음에는 당신의 제품이나 서비스가 충족해 줄 수 있는 욕구를 자신이 가지고 있다는 사실조차도 모른다. 당신이 질문은 던지고 알려줬을 때에야 비로소 그 사실을 알게 된다.

당신의 생각을 명확히 제시하라

당신의 제품이나 서비스가 청중에게는 가장 이상적인 선택이라는 점을 설명하라. 그들의 욕구를 충족시키고 문제를 해결해줄 수 있는 다른 두세 가지 방법을 제시하고, 현 시점에서 여러 가지 조건을 고려해 봤을 때 당신의 제안이 최선이라는 점을 설명하라.

청중의 우려를 언급하라

당신이 먼저 청중이 갖게 될 반대 의견이나 우려에 대해 언급하라. 예를 들면 "이쯤에서 사람들은 종종 이런 의문을 제기합니다…"라고 말하면서 청중이 제기할 수 있는 주요 반대 의견이나 구매를 진행하지 않는 이유를 이야기한다. 그러고 나서 "이러한 문제는 간단히 해결할 수 있습니다. 그 해결 방법은 이렇습니다…"라고 말하라.

행동을 촉구하라

강연의 마무리에서 청중의 행동을 촉구하라. 그냥 맺음말을 하고 조용히 끝내는 것은 의미가 없다. 강력한 발언을 통해 사람들에게 행동의 변화를 요구해야 한다. 당신의 강연을 듣지 않았다면 하지 않았을 행동을 하도록 요청하라. 고객에게 그 자리에서 분명한 구매 결정을 요구하듯이 당신이 청중에게 바라는 행동의 변화에 대해 청중이 명확히 알게 해야 한다. 청중이 당신의 제안을 받아들였을 때 삶이 얼마나 더 나아질지를 이야기하라. 이것은 판매에서 재구매나 소개에 초점을 맞추는 것과 같다.

사람들은 이전보다 자신의 삶이 더 나아질 것이라고 느낄 때 변화를 시도한다. 따라서 강연의 맺음말에서 청중이 당신의 제안을 받아들였을 때 삶이 얼마나 더 나아질지 분명하게 강조해야 한다.

요약

모든 대화는 어떻게 보면 세일즈 스피치다. 대중을 대상으로 하는 모든 강연처럼 모든 세일즈 스피치는 사람들을 설득해서 어떤 행동을 하게끔 이끄는 것이다. 당신의 말을 듣지 않았으면 시도하지 않았을 어떤 행동을 말이다. 세일즈 스피치의 기술을 터득한 당신은 상위 10% 안에 드는 최고의 세일즈맨이 되는 길에 이미 접어든 셈이다.

| 저자 소개 |

브라이언 트레이시는 오늘날 미국 최고의 비즈니스 강사이자 베스트셀러 저자이며, 자기 계발과 직업 계발 분야의 뛰어난 컨설턴트이자 전문 강사다. 그는 매년 개인의 성공이나 효율적인 관리자가 되기 위한 리더십, 창의성, 세일즈에 관련된 주제에 대해 25만 명에게 활발하게 강연을 한다. 지금까지 총 40권 이상의 책을 펴냈으며 350개 이상의 교육용 오디오 테이프 및 비디오 테이프를 발간했다. 그의 책은 다른 언어로도 번역되어 52개국에서 팔리고 있다. 캠벨프레이저(Campbell Fraser)와 함께 『고급 코칭 및 멘토링 프로그램(Advanced coaching and Mentoring Program)』, 『탁월한 코칭 프로그램(Coaching excellence program)』을 함께 펴내기도 했다.

브라이언은 IBM, 맥도넬 더글라스, 백만 달러 원탁회의 등이 포함된 1,000개 이상의 유명 기업을 대상으로 컨설팅을 해왔고, 200만 명이 넘는 사람에게 직접 트레이닝을 제공했다. 그의 아이디어는 검증되었고 실용적이며 즉시 활용할 수 있는 것으로 평가받고 있다. 그의 책을 읽은 독자나 세미나 참석자들, 그리고 그의 코칭을 받은 많은 사람은 그에게 배운 일련의 기술과 전략을 활용하여 자신의 삶을 훨씬 나은 방향으로 바꿀 수 있었다고 이야기한다.